Gebietsabtretungen des
Deutschen Reiches nach
Memel
Ostsee
Bornholm
FREIE ST
DANZIG
Gumbinnen
Danzig
Elbing
Ostpreußen
Dirschau
Marienburg
Konitz
Pommern
Westpreußen
Deutsch Krone
Reichsstraße 1
Posen
Weichsel
Bug
Küstrin
Landsberg
Warschau
Frankfurt/Oder
POLEN
N
S
Warthe
Liegnitz
Breslau
Ober-
schlesien
Krakau
Prag
Moldau
TSCHECHOSLOWAKEI
Donau
Wien
UNGARN
ÖSTERREICH
0
50
100
150 km

Patricia Clough

Aachen – Berlin – Königsberg

Patricia Clough

Aachen – Berlin – Königsberg

Eine Zeitreise entlang der alten Reichsstraße 1

Aus dem Englischen
von Dietmar Zimmer

Deutsche Verlags-Anstalt
München

Die Deutsche Bibliothek – CIP Einheitsaufnahme
Ein Titeldatensatz für diese Publikation ist bei
Der Deutschen Bibliothek erhältlich.

FSC
Mix
Produktgruppe aus vorbildlich
bewirtschafteten Wäldern und
anderen kontrollierten Herkünften

Zert.-Nr. SGS-COC-1940
www.fsc.org
© 1996 Forest Stewardship Council

Verlagsgruppe Random House FSC-DEU-0100
Das für dieses Buch verwendete FSC-zertifizierte Papier *EOS*
liefert Salzer, St. Pölten.

1. Auflage

Satz und Layout: Boer Verlagsservice, München
Gesetzt aus der Minion und Myriad Pro
Druck und Bindung: GGP Media GmbH, Pößneck
Printed in Germany

ISBN 978-3-421-04210-1

www.dva.de

Für Peter,
mit den besten Wünschen
für seine eigene Reise

Inhalt

KAPITEL 1

Ein Straßenschild

Vor vielen Jahren, als ich einmal mit dem Auto bei Aachen von den Niederlanden über die Grenze nach Deutschland fuhr, sah ich am Straßenrand ein schlichtes weißes Schild. Darauf stand einfach: »KÖNIGSBERG 1000 km«.

Wie bitte? Als junge Besucherin aus Großbritannien hatte ich damals nur eine eher verschwommene Vorstellung von der Nachkriegsgeografie des Kontinents. Aber immerhin wusste ich, dass Königsberg jetzt nicht mehr Königsberg genannt wurde, dass ich bis dorthin mehrere ziemlich garstige Grenzen zu überwinden hätte und außerdem ohnehin nicht hineingelassen würde, weil die Stadt nun militärisches Sperrgebiet war. Warum also sollte ich oder überhaupt irgendjemand noch wissen wollen, wie weit es nach Königsberg war? Merkwürdiges Volk, diese Deutschen, dachte ich und fuhr weiter.

Erst mehrere Jahre später wurde mir klar, dass dieses Straßenschild etwas damit zu tun haben musste, dass die Straße, auf der ich damals nach Deutschland gekommen war, einmal die Reichsstraße Nummer 1 gewesen war. Diese war eine Zeit lang die längste Straße des Landes, berühmt für ihre enorme Reichweite – 1392 Kilometer von der holländischen Grenze im Westen bis zur damaligen Grenze zur Sowjetunion im Osten. Noch berühmter aber waren die 1000 Kilometer, die angeblich Aachen von Königsberg trennten. Obwohl dies eine plausible Erklärung für jenes Schild war, kam mir die ganze Geschichte immer noch ziemlich seltsam vor.

Denn sie ereignete sich in den frühen 1960er Jahren, und wer wollte damals schon an das Deutsche Reich geschweige denn an das Dritte Reich erinnert werden, an das Schicksal von Königsberg oder überhaupt etwas mit dieser Vergangenheit zu tun haben? Von meinen Besuchen als Austauschschülerin wusste ich bereits, dass die deutsche Geschichte scheinbar erst in den späten 1940er Jahren begonnen hatte. Alles musste neu und anders sein, die Tische nierenförmig statt quadratisch, Fotoalben und Schreibblöcke im Rautenzuschnitt und nicht rechteckig, da gab es futuristische Einrichtungsstoffe oder einfach diese unglaublich entspannte, demokratische Atmosphäre in den Klassenzimmern statt der strikten Disziplin, wie ich sie immer noch aus meiner Schule in England kannte. Von der Vergangenheit, insbesondere der jüngsten, sprach man kaum und wenn, dann nur sehr zögerlich, mit feierlichem Tonfall in der Stimme und begleitet von einem traurigen, gedankenvollen Kopfschütteln, wie wenn man von einem schrecklichen Unglück in der Familie erzählt. Es schien, als müsse man unter die jüngste Geschichte mit ihrem unermesslichen Grauen, all den Verbrechen, Leiden, Entbehrungen, Umwälzungen und Verlusten einen Strich ziehen, sie wegsperren in die Vergangenheit und so weit wie möglich vergessen.

Zu dieser Zeit war aus der Reichsstraße 1 die Bundesstraße 1 geworden. Und die endete schon nach etwa 460 Kilometern an jenem verminten Stacheldrahtstreifen, der damals die Grenze zwischen Ost- und Westdeutschland markierte. Dahinter – falls sie überhaupt befahrbar war, was mir ziemlich unwahrscheinlich vorkam – wurde sie zur Fernstraße 1 bis zur Oder, dann zu den polnischen Straßen Nummer 132, 22 und 504 bis Gronowo (dem ehemaligen Grünau) und schließlich zur russischen A 194 und A 229, bis sie letztendlich nahe des früheren Eydtkuhnen, jetzt Tschernyschewskoje, an der innersowjetischen Grenze zwischen dem sogenannten Kaliningrader Gebiet und der Sowjetrepublik Litauen endete.

Die Nachkriegsverträge zwischen der Bundesrepublik Deutschland und der Sowjetunion bestanden noch nicht, aber Kaliningrad »Königsberg« zu nennen und in irgendeiner Weise an ein einstmals größeres Deutschland zu erinnern, galt – um es vorsichtig zu formulieren – als »politisch nicht korrekt«, und man lief Gefahr, als Revanchist, Unbelehrbarer oder Schlimmeres gebrandmarkt zu werden. Welche Kommunal- oder Straßenbaubehörde hegte da heimlich großdeutsche Gefühle? Diese Frage drängte sich geradezu auf. War nicht ein solches Straßenschild mit dieser ganz und gar überflüssigen Information politischer Sprengstoff? Das war wirklich der Fall.

Schon der Name »Reichsstraße 1« lässt, zusammen mit der eindrucksvollen Länge der Straße, die einige Jahre lang die größte West-Ost-Entfernung im Deutschen Reich markierte, an Hitlerschen Größenwahn denken. Tatsächlich erfanden die Nationalsozialisten nur diesen Namen für eine Straße, die schon einige Jahre zuvor zu Zeiten der Weimarer Republik eingerichtet worden war und bis dahin »Fernstraße 1« hieß. Und die Straße selbst – genauer gesagt die Verkehrsverbindung, denn sie wurde nie als Gesamtprojekt geplant oder gebaut – existierte bereits gut und gerne zweitausend Jahre vor dem Dritten Reich. In der Weimarer Zeit wurde lediglich der deutsche Teil dessen, was schon immer eine der wichtigsten West-Ost-Landverbindungen Europas war, mit einer Nummer versehen.

Während über Jahrhunderte die großen nordwärts fließenden Ströme wie Rhein und Elbe den Hauptteil des Nord-Süd-Verkehrs aufnahmen, mussten sich Reisende zwischen Ost und West aus Mangel an entsprechenden Wasserstraßen ihren Weg über Land bahnen. Erst kamen römische Soldaten, dann die Handelsreisenden des Mittelalters, Kaiser mit ihrem Gefolge, Missionare, Ritter und Siedler auf dem Weg nach Osten, preußische Beamte, die es nach Westen zog, und über all die Jahrhunderte

Reisende, Postkutschen und Armeen in die eine wie die andere Richtung. Einige kamen aus Ländern des Westens auf dem Weg in die fernen Weiten Russlands, andere waren unterwegs in die Gegenrichtung. Mit ihnen kamen Ideen, Kultur und Unterdrückung, Zerstörung und Befreiung. Sie alle reisten an den Rändern der nördlichen Mittelgebirge entlang, dort, wo diese in die Norddeutsche Tiefebene übergehen, wo der Boden fest und ohne Moore und Sümpfe war, keine bedeutenden Steigungen zu überwinden waren und Furten und später Brücken die Querung der Flüsse ohne allzu große Mühen erlaubten – und so entwickelte sich allmählich ein Handelsweg.

Die Geschichte der Nummerierung dagegen lässt sich genau datieren – auf den 10. Mai 1926, als der Reichstag einen Entschluss verabschiedete, die Regierung solle »ein einheitliches Netz wichtiger Landstraßen« ausarbeiten. Denn mittlerweile war das Zeitalter des Automobils angebrochen, und die Zahl der Personen- und Lastkraftwagen stieg in – für damalige Verhältnisse – schwindelerregende Höhen. Die Straßen mussten sicherer gemacht werden, und die Kraftfahrer, die immer schneller immer weitere Strecken zurücklegten, brauchten Orientierungshilfe, um sich im Land zurechtzufinden.

Das war keine leichte Aufgabe. Die Verantwortung für Deutschlands Straßen lag, so errechnete damals eine Zeitung, bei nicht weniger als 60 000 verschiedenen Behörden. Kleine und größere Städte kämpften darum, an die Hauptrouten angeschlossen zu werden. Es handelte sich bei diesen Verbindungen immer noch um einfache Landstraßen, die keineswegs besonders gut ausgebaut waren. Die Nummerierung ließ noch nicht auf die Qualität der Strecken schließen, die tatsächlich oft noch viel zu wünschen ließ. Die Reichsregierung musste auch erst die Länder zur Kooperation bewegen, denn diese waren letztlich verantwortlich für Bau und Unterhalt von Straßen. Schließlich wurden einheitliche Standards erlassen, darunter eine Mindest-Fahrbahnbreite von sechs Metern. Autobahnen wurden geplant, viele Pläne blieben allerdings aus Geldmangel in den Schubladen liegen. Zugleich arbeitete die Regierung auch an einer ersten Straßenverkehrsordnung und hatte dabei eine Flut von Anregungen und Einsprüchen der unterschiedlichsten Stellen zu berücksichtigen. Für das Reichsverkehrsministerium war es sicher eine arbeitsreiche Zeit.

Schließlich wurde am 17. Januar 1932 nach mehr als fünf Jahren Vorbereitung das neue Fernverkehrsstraßennetz eingeführt. 1934 wurden die Fern- zu Reichsstraßen umbenannt, und erstmals waren die kleinen gelben Schilder an den Straßen zu sehen, mit denen die deutschen Bundesstraßen bis heute gekennzeichnet werden. Die ersten Fernstraßen mit einstelliger Nummer durchzogen Deutschland von einer Grenze zur anderen und bildeten das Grundgerüst für das Wegenetz. In dieses wurden die Straßen niedrigerer Ordnung mit den zwei- und dreistelligen Nummern eingepasst. Nach Ausbruch des Krieges wurde die Straßennummerierung einfach in den von der Wehrmacht besetzten Ländern weitergeführt.

Die bürokratischen Hintergründe für die genaue Trassenplanung der R 1 konnte ich nicht herausfinden, aber es scheint natürlich, dass sie jener alten Handelsstraße folgte, die Kaufleute wie Armeen schon seit Jahrhunderten nutzten. Sie begann an der niederländischen Grenze in der Nähe von Aachen, verlief nordöstlich nach Jülich und Neuss, überquerte den Rhein nach Düsseldorf und führte weiter durch Essen und Dortmund. In den ersten Jahren ging sie dann weiter nach Hannover. Aber zwischen 1936 und 1938, als die Streckenverläufe einiger Reichsstraßen korrigiert wurden, verlegte man sie von Hameln über Hildesheim nach Braunschweig. In Magdeburg überquerte sie die Elbe und führte weiter nach Brandenburg/Havel, Potsdam und Berlin. Östlich von Berlin ging es bei Küstrin über die Oder und weiter leicht nördlich nach Landsberg an der Warthe und Deutsch Krone. Zwischen 1939 und 1945 führte sie ohne Unterbrechung weiter über den früheren polnischen Korridor durch Konitz (Chojnice) und Dirschau (Tczew), überquerte die Weichsel und lief weiter über das Gebiet der Freien Stadt Danzig nach Marienburg, Elbing, Königsberg, Insterburg und Gumbinnen, um schließlich in dem Grenzstädtchen Eydtkuhnen zu enden.

Gegen die Streckenführung gab es jede Menge Proteste. »Schwerin wird wieder umgangen!«, empörte sich eine mecklenburgische Zeitung. Köln engagierte sich ganz besonders in dem Konflikt und machte geltend, es sei »eine Lebensnotwendigkeit«, an der R 1 zu liegen. Der damalige Verkehrsminister Gottfried Treviranus meinte jedoch, Köln sei »in keiner Weise gefährdet« und führte aus, »daß eine nachträgliche Änderung aufgrund der erhobenen Einwände zahlreiche andere Interessenten mit ähnlichen Ansprüchen auf den Plan rufen würde«. Die preußische Landesregierung, die ebenfalls in die Diskussion hineingezogen wurde, stellte sich auf die Seite des Reichsministeriums und erklärte, schließlich sei die Qualität der Straßen wichtiger als ihre Nummern, und erinnerte die Kölner daran, dass ihre Stadt bereits an nicht weniger als neun Fernstraßen angeschlossen sei, darunter die wichtigen F 8 und F 9, und demnächst sogar einen Autobahnanschluss bekommen sollte.

Schon bald war das gesamte deutsche Straßenverkehrswesen zentralisiert. Die nationalsozialistische Regierung trieb den Bau von Autobahnen voran, die schließlich die Hauptverkehrslast von den Reichsstraßen übernehmen sollten. In den folgenden Jahren wurde das Netz der Reichsstraßen immer weiter und weiter ausgebaut, doch der Verlauf der R 1 blieb im Wesentlichen unverändert.

Aber kehren wir zunächst noch einmal zurück zu diesem Schild an der Grenze. Wer hatte es dorthin gestellt? Anfragen bei allen möglichen Kommunal- und Landesbehörden führten ins Leere. Man kannte das Schild, das heute dort steht, aber nicht das aus den 1960er Jahren, an das ich mich erinnerte. Dann fand ein freundlicher Mitarbeiter des Archivs der Aachener Zeitung heraus, dass »mein« Straßenschild – KÖNIGSBERG 1000 km – schon seit der Umbenennung der R 1 in den 1930er Jahren dort gestanden hatte, im Krieg abgebaut oder zerstört und danach wieder hingestellt worden war. Doch wer hatte ein Interesse daran, es unter den dramatisch veränderten Bedingungen der Nachkriegszeit wieder aufzustellen, und warum? Mit meinen Nachforschungen kam ich zunächst nicht weiter.

Schließlich erhielt ich zu meiner Überraschung auf eine Kleinanzeige hin einen Brief und eine in Aachen abgestempelte Postkarte. Sie stammten von zwei Damen, die eine Tochter eines Vertriebenen aus Schlesien, die andere ein Mitglied des Laurensberger Heimatvereins. Laurensberg war eine Grenzgemeinde im Umland von Aachen, die inzwischen in die Stadt eingemeindet ist. Dank der freundlichen Hilfe der beiden zeichnete sich bald ein Bild der Geschehnisse ab: Flüchtlinge und Vertriebene aus dem Osten, entwurzelt und heimwehkrank, hatten es irgendwie geschafft, die Behörden zum Wiederaufstellen des Schildes zu bewegen. Ob es sich dabei um reine Nostalgie handelte, sie sich selbst und andere an die verlorenen Gebiete erinnern wollten oder ob gar ein Anspruch auf diese und damit ein politisches Programm repräsentiert werden sollte, das lässt sich im Nachhinein nur schwer sagen. Schon bald zeigte sich, dass das Schild, so politisch fragwürdig es auch gewesen sein mochte, geradezu harmlos war im Vergleich zu dem viel größeren Schild, das später an der gleichen Stelle errichtet wurde. Auf diesem stand nämlich Folgendes zu lesen:

BUNDESSTRASSE 1
Führt zu den ostpreußischen Städten
KÖNIGSBERG
INSTERBURG
EYDTKUHNEN

Was sollte ein ausländischer Autofahrer damit anfangen? Einem aus dem Westen Kommenden dürfte es, gelinde gesagt, seltsam vorgekommen sein. Den wenigen aus Osteuropa, die es hätten sehen können, hätte es die Haare zu Berge stehen lassen, was exakt die Intention der heimischen kommunistischen Propagandamaschinerie war, hieß es dort doch immer, die Deutschen (die aus dem Westen natürlich) stünden unter dem Einfluss geifernder Flüchtlings- und Vertriebenenfunktionäre, von Revanchisten und Kriegstreibern. Auch vielen Einwohnern der Region schien dieses Schild zu weit zu gehen. Viele meinten, es schade Aachens Ansehen im Ausland. In mehr als einer Familie gab es heiße Debatten zwischen Flüchtlingen und ihren in der Nachkriegszeit aufgewachsenen Kindern. Das Schild wurde mehrmals übermalt und irgendwann gestohlen. Erst zwei Jahre später tauchte es wieder auf. Die Übeltäter wurden wegen Zerstörung öffentlichen Eigentums bestraft, obwohl manche der Meinung waren, die eigentlichen Schuldigen seien diejenigen gewesen, die das Schild aufgestellt hatten. In der Hoffnung, die Verwendung der Vergangenheitsform könne das Problem lösen, wurde schließlich ein drittes Schild aufgestellt. Nun stand dort zu lesen:

BUNDESSTRASSE 1
Führte zu den ehemaligen ostpreußischen Städten
KÖNIGSBERG
INSTERBURG
EYDTKUHNEN

Aber nein – die Angriffe gingen weiter. Anwohner demonstrierten für einen Abbau. Sprayer gingen ans Werk, und 1997 verschwand das Schild erneut. Diesmal wurde es in Stücke zersägt, die man nacheinander vor der russischen Botschaft in Bonn, dem Haus der Vertriebenen in Aachen und der Geschäftsstelle einer rechtsgerichteten Gruppierung, ebenfalls in Aachen, fand. Eine Gruppe, die sich selbst »Zelle Phönix« nannte und bereits früher bei Anschlägen auf das Schild in Erscheinung getreten war, bekannte sich schriftlich zu der Tat und beschimpfte den Vertriebenenverband als »Kriegshetzer« und als »Sprachrohr des faschistischen Mobs«.

Schließlich, 1999, möglicherweise inspiriert durch eine hervorragende Ausstellung in Essen, die zeigte, dass die R 1 Teil einer bedeutenden alten europäischen Handelsstraße gewesen war, die zwischen Brügge im heutigen Belgien und Novgorod im heutigen Russland verlief, plädierten und zahlten die Heimatvertriebenen für ein viertes und politisch akzeptableres Schild. Am 19. November 1999 wurde es im Rahmen einer großen Zeremonie mit vielen internationalen Gästen enthüllt. Verziert mit den Wappen von Aachen, Berlin und dem früheren Königsberg zeigte es nun den folgenden Text:

Bundesstraße 1
Als preußische Staatsstraße und später Reichsstraße 1
verband sie Aachen mit Berlin und Königsberg
in Preußen. Sie ist Teil der längsten und
ältesten West-Ost-Verbindung Europas
von Brügge nach Nowgorod,
die durch acht Staaten führt.

Es gab eine Feier mit Käse aus den Niederlanden, Buletten aus Berlin, Bärenfang-Schnaps nach Königberger Tradition und jeder

Menge Bier. Schließlich war Ruhe. Endlich schienen alle zufrieden, und so steht das Schild dort heute immer noch.

Ich kehrte noch einmal an die deutsch-niederländische Grenze zurück, um nachzusehen, wie es da heute aussieht. Ehrlich gesagt: Abgesehen vom Wechsel der Farbe des Fahrbahnbelags (Rot in Holland, Grau in Deutschland) würde es kaum auffallen, dass man von einem Land in ein anderes fährt, so unbedeutend sind Grenzen inzwischen im Kernland der Europäischen Union geworden. Auch nach einem Zollhäuschen sah ich mich um, einem, das vielleicht schon vor 140 Jahren dort gestanden haben könnte. Alles, was ich fand, war eine moderne Konstruktion von höchst bescheidenem architektonischem Reiz, geschlossen und eingezäunt, die ausgesprochen überflüssig wirkte. (Inzwischen soll ein Getränkemarkt daraus geworden sein.) Eigentlich hatte ich hier jenen Ort besichtigen wollen, wo ein gewisser deutscher Reisender namens Heinrich Heine anno 1843 nach zwölf Exiljahren in Paris den Zoll passierte. Damals waren die Zöllner preußisch, und der besagte Reisende führte Ideen mit sich, die mit der kuriosen Abfolge von Straßenschildern an dieser Stelle mehr als hundert Jahre später in einem merkwürdigen Zusammenhang stehen.

Anders als heutigen Reisenden wurde Heine eine komplette Zollabfertigung in traditioneller Manier zuteil, und so – wie er später in »Deutschland, ein Wintermärchen« festhielt –,

> »... ward von den preußischen Douaniers
> mein Koffer visitiret.
>
> Beschnüffelten alles, kramten herum
> in Hemden, Hosen, Schnupftüchern;
> sie suchten nach Spitzen, nach Bijouterien
> auch nach verbotenen Büchern.

Ihr Toren, die Ihr im Koffer sucht!
Hier werdet Ihr nichts entdecken!
Die Contrebande, die mit mir reist,
die hab ich im Kopfe stecken …

Und viele Bücher trag' ich im Kopf!
Ich darf es Euch versichern,
mein Kopf ist ein zwitscherndes Vogelnest
von konfiszirlichen Büchern.

Glaub' mir, in Satans Bibliothek
kann es nicht schlimmere geben;
sie sind gefährlicher noch als die
von Hoffmann von Fallersleben!«

Heine war nicht der erste Reisende, der »gefährliche« Ideen über diese Straße nach Deutschland hereinbrachte. Seit über fünfzig Jahren schon waren Vorstellungen von Freiheit, Gleichheit und Menschenrechten, entstanden während der Französischen Revolution, über diese Grenze gelangt, nicht zuletzt mit französischen Armeen, die zumindest einige von diesen Vorstellungen in mehreren deutschen Regionen durchgesetzt hatten. Mit ihnen kam auch die Idee, dass ein Nationalstaat und eine moderne, reformierte Verwaltung Vorteile hatten gegenüber all den muffigen Grafschaften, Herzogtümern und sonstigen Mini-Staaten, in denen die Deutschen seinerzeit lebten. Doch die Hoffnungen, dass die Befreiungskriege gegen Napoleon zu einem vereinten, modernen Deutschland führen würden, waren gescheitert, und die Menschen hatten sich in eine behagliche, unpolitische Häuslichkeit zurückgezogen, das Biedermeier.

Es war sinnlos, nach besagtem alten Grenzposten zu suchen, denn, wie ich inzwischen weiß, das Zollamt, an dem die preußischen Douaniers Heines Gepäck durchsuchten, lag gar nicht hier, sondern mehrere Kilometer westlich und war erst nach dem Ersten Weltkrieg an die heutige Stelle gerückt. Zu diesem Thema der ständig wandernden Grenzen Deutschlands werden wir noch zurückkommen.

Ein berühmtes Gedicht voller Sehnsucht nach einem neuen Deutschland. Drei Schilder als Zeugen, wie sich dieser Traum erfüllte und dann auf schreckliche Weise fehlschlug. Und nun ein viertes als Zeichen des Aufgehens des Nationalstaates in einer überstaatlichen Gemeinschaft … Ich kenne keine andere internationale Grenze wie diese.

Wir sind am Beginn unserer Reise, und schon dieser Ort wird geprägt von dem Leitmotiv Vaterland.

Willkommen in Deutschland.

* * *

Das ist also der Anfang der Reichsstraße 1, heute, in gekapptem Verlauf, der Bundesstraße 1. Was ist so besonders an dieser Straße, dass man ein Buch darüber schreiben möchte? Es faszinierte mich nicht nur, dass sie einmal für kurze Zeit die gesamte Breite des damaligen Deutschland durchzog, sondern auch, dass mit ihr so viele Ereignisse, Menschen, Ideen und Mythen verbunden sind, die auf die eine oder andere Weise zu dem Deutschland beitrugen, das wir heute kennen. Entlang der alten R 1 zieht sich die deutsche Geschichte wie ein roter Faden. Straßen verbinden ja nicht nur Menschen und Orte in einem geografischen Sinn, sondern auch in einem historischen. Es ist, als besäßen sie eine vierte Dimension. Und diese wollte ich erfahren und zur Sprache bringen.

Ich habe versucht, jeden Kilometer der ehemaligen R 1 abzufahren. Das war nicht leicht, denn vielerorts wurde die alte

Landstraße durch moderne Schnellstraßen oder Autobahnen ersetzt, zugeschüttet oder einfach überbaut. Früher führte sie durch Ortsmitten und Stadtzentren, die heute Fußgängerzonen sind, und der Verkehr wird auf Umgehungsstraßen umgeleitet. Ebenso wenig konnte ich die ganze Reise in einem Stück zurücklegen. Einige Strecken sah ich im Sommer, andere im Winter oder Frühling. So manche Kilometer habe ich mehrmals bereist. Meist war ich von West nach Ost unterwegs, aber zwischen Königsberg und Elbing fuhr ich in umgekehrter Richtung. Dieses Buch ist jedoch kein Reiseführer geworden. Noch interessanter als die Orte und Gebäude auf der Strecke schienen mir die Menschen und ihre Geschichten.

Natürlich sind im Laufe der gut 2000 Jahre, seitdem es diesen Verkehrsweg gibt, viele Millionen hier entlanggereist und unzählige Ereignisse geschehen. Also musste ich ein kleines bisschen wählerisch sein. Es handelt sich um eine sehr persönliche Auswahl, denn für mich war diese Reise auch eine persönliche Suche nach Aufklärung. Als Germanistikstudentin saß ich Ende der 1950er Jahre an der Universität Bristol zu Füßen des in Österreich geborenen Professors August Closs und seiner Stellvertreterin, Dr. Estelle Morgan, und ich sog wie alle ihre Studenten der beiden große Liebe für die deutsche Literatur in mich auf. Erst im Nachhinein fiel mir auf, dass abgesehen von wenigen Ausnahmen die Literatur des 20. Jahrhunderts praktisch überhaupt nicht behandelt wurde. Und was noch verblüffender war: Wir hatten so gut wie nichts über die politische Geschichte Deutschlands erfahren – jenen Kontext, in dem all diese Werke entstanden waren und den man ebenfalls verstehen muss. Ich kann den beiden heute keine Vorwürfe machen. Erstens neigt man in Großbritannien ohnehin dazu, Literatur und Geschichte als vollkommen getrennte Bereiche zu betrachten, und soweit es unsere eigene Literatur betrifft, ist das vielleicht auch kein schwerer Fehler. Wichtiger jedoch war, nehme ich heute an, dass angesichts des grauenhaften Krieges, der den Menschen noch in frischer Erinnerung war, unsere Lehrer uns die großen und unsterblichen Aspekte der deutschen Kultur vermitteln und den Rest einfach vergessen wollten.

Zwischen 1966 und 1996 kam ich viermal als Korrespondentin nach Deutschland, zuerst für die Nachrichtenagentur Reuters und dann nacheinander für drei verschiedene britische Zeitungen. Insgesamt habe ich zwölf Jahre lang aus Nachkriegsdeutschland berichtet – einem Deutschland, das weit entfernt war von dem, dessen Sprache und Literatur ich an der Universität studiert hatte. Wie waren diese beiden Deutschlands miteinander in Einklang zu bringen? Inwieweit hingen sie miteinander zusammen? Antworten auf diese Fragen zu finden, dafür hatte ich als Korrespondentin nie genug Zeit gehabt. Nun erhoffte ich mir dies von meiner Reise entlang der R 1.

Das Problem einer Reise in Raum und Zeit besteht darin, dass unweigerlich eines der beiden Elemente die Oberhand gewinnt. Da es sich bei meinem Forschungsobjekt um eine Straße handelte, schien es logisch, ihrem geografischen Verlauf zu folgen, auch wenn es auf Kosten der chronologischen Ordnung ging. Deshalb stößt man immer wieder auf Ereignisse, bevor man ihren Urhebern begegnet, und entdeckt Auswirkungen früher als deren Ursachen. Aber vielleicht ist das ja auch gar nicht so tragisch, denn es hilft zu verstehen, dass bei allen Verwerfungen, Umbrüchen, Teilungen und Zäsuren die Geschichte Deutschlands und der Deutschen letztendlich doch ein gemeinsames Ganzes ergibt.

KAPITEL 2

Im Rheinland

Jecken und Preußen

Was Heine über Aachen schrieb, war nicht bloß Ausdruck dichterischer Freiheit, es war einfach ungerecht. Für ihn war die Stadt »ein langweiliges Nest«, wo selbst die Hunde träge in den Gassen lägen: »Sie flehn untertänig; / gib uns ein' Fußtritt, o Fremdling, das wird / vielleicht uns zerstreuen ein wenig.« Natürlich passte das wunderbar zu seinem Thema »Deutschland im Winterschlaf«, aber sollte er wirklich nicht gewusst haben, dass Aachen und andere Städte in der preußischen Rheinprovinz die Vorreiter bei jenen Unruhen waren, die fünf Jahre später in der – leider erfolglosen – Revolution von 1848 gipfelten? Und dass ein bekannter Aachener Geschäftsmann, David Hansemann, einer der exponiertesten öffentlichen Vertreter von Reformen war?

Noch giftiger reagierte Heine auf die Preußen, die ihm überall in der Stadt auffielen, Leute, die aus vielen hundert Kilometern Entfernung hergekommen waren, die sich sehr von ihren lebenslustigen Untertanen unterschieden und die der Dichter für Deutschlands politische Stagnation verantwortlich machte. »Noch immer das hölzern pedantische Volk, / noch immer ein rechter Winkel / in jeder Bewegung und im Gesicht / der eingefrorene Dünkel«, spottete er. Auch die Aachener mochten die Preußen nicht. Sie hielten sie nicht nur für Besatzer, sondern auch für rückständig und archaisch. Die Abneigung beruhte auf Gegenseitigkeit. Die preußischen Junker jener Tage verachteteten rheinische Unternehmer, Industrielle, Händler und Geschäftsleute als neureiche Emporkömmlinge. Rheinländer, so wird erzählt, durften nicht in preußische Adelskreise einheiraten oder in Preußen ein Rittergut kaufen. Für viele Beamte und Offiziere galt eine Abordnung ins Rheinland als Strafversetzung, während die Einheimischen mitleidig auf sie herabsahen und sie wegen ihrer kümmerlichen Gehälter als »arme Litauer« bezeichneten.

Heine war im November in Aachen, das behauptete er zumindest. (Historiker meinen, es sei tatsächlich Oktober gewesen, aber dieser oft sonnige und farbenprächtige Monat hätte wohl nicht den passenden düsteren Hintergrund für ein »Wintermärchen« abgegeben.) Wäre er später, im ausklingenden Winter, zur Karnevalszeit, gekommen, hätte sich sein Text vielleicht auch ganz anders angehört, denn der rheinische Karneval war damals ganz zweifellos eine subversive Veranstaltung, balancierte – ähnlich wie später das Kabarett in der DDR – immer wieder hart am Rande der Legalität und lief dabei Gefahr, verboten zu werden.

Karneval – eine subversive Veranstaltung? Das war eine echte Überraschung. Wie viele Ausländer hatte auch ich diese närrischen Tage vor der österlichen Fastenzeit einfach für »typisch deutsch« gehalten. Und »deutsch« war für uns daran, dass Frohsinn und Heiterkeit an einem ganz bestimmten Tag im Jahr einund an einem anderen wieder abgeschaltet werden. Die außerordentlich strukturierte, ordentliche Art und Weise, Spaß zu haben, mit all diesen »Sitzungen«, »Komitees« und bestens organisierten Umzügen, mit als Soldaten verkleideten Teilnehmern, Blaskapellen und unendlichen Mengen an Bier. Und die faszinierende Entschlossenheit, was das Feiern anbelangt, so dass sogar das politsche Leben der früheren Bundeshauptstadt zum Erliegen kam – was der Chefredaktion in London nicht immer leicht zu vermitteln war.

Mir erschien das alles als ein schöner, harmloser Spaß, vor allem für die Kinder. Meine einzigen Bedenken hatten mit den ungeheuren Mengen Süßigkeiten zu tun, die von den Karnevalswagen in die Menge geschaufelt wurden und schließlich im Magen meiner kleinen Tochter landeten. Aber subversiv?

Schuld daran war das »hölzern pedantische Volk« – die Preußen. Nachdem sie 1815 in den Besitz der Rheinprovinz gelangt waren, trauten sie ihren neuen Untertanen keinen Zollbreit über den Weg, verfügten eine strenge Zensur, verboten jegliche politische Betätigung, schränkten öffentliche Versammlungen ein und installierten überall Polizei und Geheimdienstspitzel. So wurde allmählich der Karneval zu einer Demonstration des Missfallens, bei der sich die Menschen in Liedern, Reden und Umzügen unter dem (relativen) Schutz der Narrenkappe über die Preußen lustig machen konnten.

Der durchschnittliche ausländische Besucher, der sich mit einem Glas Bier in der Hand durch das Ritual der Sitzungen schunkelt, würde wohl kaum vermuten, dass die Aachener oder Kölner Jecken jahrhundertelang einfach nur fröhlich maskiert durch die Straßen gezogen sind, ganz spontan und undiszipliniert allen möglichen Unfug veranstalteten und sich über ihre Herren lustig machten. Die Franzosen, die vor den Preußen das Rheinland besetzt hielten, mochten zwar aufgeklärter und populärer gewesen sein, den Karneval aber hatten sie einige Jahre sogar ganz verboten. Die Preußen konnten ihn nicht ausstehen, aber sie ließen die Narren immerhin gewähren aus Furcht, anderenfalls könnte der Missmut der örtlichen Bevölkerung außer Kontrolle geraten. Allerdings verboten sie Masken und schritten oft scharf ein, wenn sie den Eindruck hatten, der Frohsinn ginge zu weit.

Tatsächlich waren es gar nicht die preußischen Behörden, die dem Karneval seine heutige Form aufzwangen, zumindest gibt es keine derartigen Hinweise. Es scheint vielmehr, dass zuerst die Kölner selbst und dann 1829 die Aachener sich Satzungen gaben, um dem Karneval jene Ordnung und Disziplin zu verpassen, die die Preußen verstanden, um so einem vollständigen Verbot zuvorzukommen.

Enthielten diese Satzungen vielleicht noch einen verborgenen politischen Hintersinn? Denn gerade zu Karneval bekamen ja die »Jecken« genau das, was sie auch sonst im Staat forderten: Selbstbestimmung, freie Wahlen, Gleichheit und Demokratie. Die Karnevalskomitees bestanden aus Menschen unterschiedlicher Bevölkerungsschichten, die alle gleichermaßen zur Wahl des »Elferrates« berechtigt waren, jenes Vorstandsgremiums, dessen Mitgliederzahl der traditionellen Zahl des Karnevals entspricht.

War die Narrenfreiheit erst einmal errungen, wogegen konnte sie sich trefflicher richten als gegen den preußischen Militarismus und sein Faible für Orden und Ehrenzeichen, Flaggen und Uniformen, Tressen und blankpolierte Uniformknöpfe ebenso wie für ewiges Paradieren, Exerzieren und Herumstolzieren? Es musste aufregend gewesen sein auszuprobieren, wie weit man gehen konnte, ohne Schwierigkeiten zu bekommen.

Auf der Suche nach dieser halbvergessenen subversiven Seite des Karnevals fand ich mich schließlich am Aachener Marschiertor. Als eines von nur zwei erhaltenen Toren der alten Stadtmauer hat dieses Bauwerk die Wirren von siebeneinhalb Jahrhunderten überstanden, einschließlich der Brandbomben von 1943. Zu verschiedenen Zeiten diente es als Waffendepot, Rumpelkammer, Obdachlosenheim, Jugendherberge und Heim der Hitlerjugend. Schließlich beherbergt es seit 1964 das Hauptquartier der »Oecher (= Aachener) Penn«, die für Aachen das Gleiche bedeuten wie die berühmten »Funken« für Köln – Parodien preußischer Soldaten, die die städtischen Rosenmontagszüge anführen und von den verschiedenen Karnevalsveranstaltungen nicht mehr wegzudenken sind. Sie tragen friderizianische Uniform – weiße Westen und Hosen, rotbesetzte blaue Mäntel, schwarze Stiefel und Dreispitz auf dem Kopf – und schultern Waffen, in deren Läufen Blumen stecken. Dank ihres Zuspruchs zum örtlichen Bier ist ihr Gang vielleicht nicht ganz so korrekt und ihre Einstellung zur Disziplin überhaupt ganz und gar unpreußisch.

Mein Fremdenführer ist Josef Lüttgens, ein pensionierter Orgelbauer und eine Aachener Frohnatur. Er ist eine der tragenden Säulen der »Penn«, obwohl er beteuert, er sei »noch gar nicht so lange dabei, erst 48 Jahre«. Bei Herrn Lüttgens sammelt sich die Vereinsgeschichte an, er verwaltet die Tradition und ist bereit, mir das Allerheiligste des Vereins zu präsentieren.

Das Tor wirkt nicht gerade einladend, aber einmal innerhalb der dicken Mauern und die steilen, dunklen Treppenstufen hinaufgeklettert, ist man in einer anderen Welt. Die alten, spartanischen Räume sind warm, gut ausgeleuchtet und bemerkenswert gemütlich eingerichtet. Die schweren, rustikalen Möbel sehen aus, als stünden sie hier schon seit Jahrhunderten, doch tatsächlich sind sie erst in den letzten Jahren aufgestellt worden. Die »Penn«, so erklärt Herr Lüttgens, sind benannt nach der Aachener Stadtgarde, die vergeblich versucht hatte, die Stadt vor Napoleons Armee zu verteidigen. Ihre Mitglieder waren so schlecht bezahlt, dass sie ihren Sold damit aufbessern mussten, »Holzpinnchen« zu schnitzen, die zum Besohlen von Schuhen verwendet wurden. Aus Pinn wurde Penn, und der Name blieb. 1857 wiedergegründet unter den strengen Augen der Preußen als Verein zum »Kampf gegen Griesgram und Muckertum«, blieben die »Penn« ein wesentlicher Bestandteil des Aachener Karnevalsprotests.

Als der Verein das Marschiertor übernahm, war es nur noch ein Gemäuer voller Scherben und Müll. Doch weil unter den 350 Mitgliedern praktisch jeder Beruf vertreten ist, konnten sie sich liebevoll selbst um das alte Gemäuer kümmern, installierten, größtenteils aus eigener Tasche, Strom- und Wasserleitungen, Fußböden, Heizung und Mobiliar. Heute gibt es einen großen, überwölbten Waffensaal für Partys und einen gut ausgestatteten Weinkeller für den gemütlichen Plausch. Und überall, vor allem im ehemaligen Raum des Torkommandanten, findet sich das unverzichtbare Zubehör für Aachens antipreußische Satire – Flaggen über Flaggen, Wimpel, unzählige unterschiedliche Medaillen, Orden und Urkunden. Schließlich führt mich Herr Lüttgens zur Garderobe, die einen perfekten preußischen Schneiderladen abgeben könnte: bis zur Decke voll von Schachteln mit kupfernen Knöpfen, Litzen und Epauletten, Schnallen und Hüten.

Das Marschiertor ist zu einem gemütlichen Heim geworden, das das ganze Jahr über für die »Penn« und den Geist des Karnevals offen steht. Was gestern politische Satire war, ist heute bunte Folklore; in einer Zeit der Meinungsfreiheit hat die Spannung von einst längst anderen Gefühlen Platz gemacht. Die Preußen mögen kommen und gehen, der Karneval aber bleibt.

Selbst wenn die steifen preußischen Offiziere und Beamten sich ihren Abzug aus Aachen hätten ausmalen können, wäre ihnen doch sicher nicht in den Sinn gekommen, dass das Schicksal 130 Jahre nach ihrem ersten Eintreffen in der Stadt eine erneute Wendung nehmen und wiederum Preußen nach Aachen bringen würde. Doch diesmal nicht als Herren, sondern als bettelarme, heimatlose Flüchtlinge.

Ganz in der Nähe des Marschiertors steht ein reizloses Nachkriegsgebäude, das »Haus des deutschen Ostens«, das Organisationen jener Vertriebenen und Flüchtlinge aus Preußen und anderen früheren deutschen Ostgebieten beherbergt, die sich nach dem Krieg in Aachen niederließen. Meine Recherchen unter diesen Vertriebenen führten mich eines Tages in einen Vorort von Aachen, zu einem Besuch bei Herrn und Frau Kelch.

Beim Anblick ihres Hauses in einem verkehrsberuhigten Wohngebiet mit vielen gepflegten Gärten war ich wieder einmal erstaunt über diese fast übermäßige Stille und Ordentlichkeit vieler deutscher Wohngegenden. Mir schien, als fürchteten die Einwohner geradezu jede Störung, Aufregung oder unangenehme Überraschung. Das Gleiche könnte man tatsächlich auch für das öffentliche Leben insgesamt behaupten. Britische Journalisten reißen sich nur selten um einen Posten in Deutschland, sie finden das Land »langweilig« – als ob ein Land mit einem historischen Erbe wie Deutschland langweilig sein könnte! Zwei Weltkriege und der Holocaust, zwei totalitäre Regimes, das Land erst zerrissen, dann geteilt, mit ungezählten persönlichen Tragödien – und das alles allein im letzten Jahrhundert! Doch meine Kollegen haben auch nicht ganz Unrecht. Nach guten Storys, wie man sie in Ländern wie Frankreich oder den USA fast täglich findet, muss man hier lange suchen. Vielleicht hat sich als Reaktion auf all die traumatischen Veränderungen der jüngeren Vergangenheit ein unbewusster Drang entwickelt, das Leben eher ruhig zu gestalten und Konflikte und Dramatik möglichst zu vermeiden. Ich glaube, das war auch ein Grund für Helmut Kohls Popularität: seine scheinbare Behäbigkeit und seine Fähigkeit, das Gefühl zu vermitteln, nichts gebe Anlass zu Panik, um alles werde sich sorgsam gekümmert.

Das Reihenhaus der Kelchs könnte meine Theorie gut illustrieren, denn hinter dem gepflegten Garten und der sauberen Fassade verbergen sich Lebensgeschichten, die zwar lange nicht so traumatisch wie manch andere sind, aber durchaus von schrecklichen Verwerfungen zeugen, die noch gar nicht allzu lange zurückliegen. Annelies (Annie) und Karl-Heinz Kelch wurden beide in Königsberg geboren. Als Fünfjährige wurden sie aus ihren Wohnungen gerissen und mussten, beide mit ihren Müttern, um ihr Leben flüchten, sich in überladenen Schiffen im kriegsverwüsteten Gdingen (jetzt Gdynia) verstecken und das Land ihrer Kindheit für immer hinter sich lassen. Nur durch Glück wurden sie nicht von Bomben getroffen, erschossen, von Panzern überfahren oder deportiert wie zahllose andere. Und es war purer Zufall, wofür sie ihr Leben lang dankbar blieben, dass sie wegen Überfüllung nicht mehr an Bord der unglückseligen Wilhelm Gustloff gelassen wurden, die bei ihrer letzten Fahrt über die Ostsee, vollbeladen mit Flüchtlingen und Militärs, von feindlichen Torpedos getroffen und versenkt wurde. Schließlich landeten die Kelchs in einem Kriegsgefangenenlager in Dänemark. Dort starb Karl-Heinz' drei Jahre alte Schwester Ingrid an einer Mittelohrentzündung, die das Krankenhaus im nahe gelegenen Aarhus, aus welchen Gründen auch immer, nicht heilen konnte.

Zwei Jahre lang wurden sie in diesem Gefangenenlager festgehalten. In dieser Zeit strömten Millionen Flüchtlinge und Vertriebene nach Westdeutschland, und die Alliierten wollten nicht auch noch diejenigen hereinlassen, die schon wenigstens eine Art von Dach über dem Kopf hatten, während so viele andere völlig obdachlos waren. Schließlich schafften es die Kelchs zu Karl-Heinz' Vater auf einen Bauernhof in Schleswig-Holstein. Dort schlugen sie sich so gut es ging durch, arbeiteten für den Bauern, pflanzten ihr eigenes Gemüse, hielten sich ein Schwein, zogen alte Wollsachen auf und strickten neue aus der so gewonnenen Wolle, denn die Kinder wuchsen schnell.

Karl-Heinz und Annelies trafen sich in Düsseldorf, wohin beide Familien unabhängig voneinander gezogen waren, weil es im Rheinland mehr Arbeit gab. 1966 wurde geheiratet, und dann kamen zwei Töchter, es gab das Wirtschaftswunder und die Sicherheit der Nachkriegszeit. Königsberg rückte in die Ferne, wurde Teil einer halbvergessenen Vergangenheit – und wäre vielleicht auch dort geblieben bis heute, hätte nicht ihre Tochter Ingrid, benannt nach ihrer toten Tante, an einem Freiwilligeneinsatz bei der Kriegsgräberpflege in Dänemark teilgenommen. »Wer weiß, vielleicht findest du ja das Grab deiner Tante«, hatte ihr Vater noch gemeint. Und tatsächlich, nach langer Suche stand sie vor einem kleinen schlichten Grabstein mit dem Namen »Ingrid Kelch« und dem Todesdatum der Kleinen. Es war der 8. Mai 1945, der Tag, an dem der Krieg zu Ende war.

Wie viele Nachkommen der Flüchtlinge hatte sich auch Ingrid nicht für die Erinnerungen ihrer Eltern und Großeltern interessiert. Doch jetzt war ihr Interesse und das ihrer Mithelfer – einige von ihnen ebenfalls Kinder von Ostpreußen – geweckt. Sie nahmen Kontakt mit der Königsberger Stadtgemeinschaft auf, und bald stießen auch Annelies und Karl-Heinz dazu. So ergab eines das andere, und schließlich wurde Annelies zur Geschäftsführerin der Organisation ernannt. Karl-Heinz, EDV-Techniker im Vorruhestand, wurde, wie er selbst sagt, »Oberostpreuße Aachens«, der Vorsitzende der Ostpreußischen Landsmannschaft der Stadt, des Verbandes der ehemaligen Bewohner jener Region. Die Stadtgemeinschaft spielte auch eine wichtige Rolle bei der Zusammenstellung des herausragenden »Museums Stadt Königsberg« in Duisburg und beteiligte sich an den Jubiläumsfeierlichkeiten »750 Jahre Königsberg/Kaliningrad« im Jahre 2005.

Trotz aller Anstrengungen von Herrn und Frau Kelch, die ostpreußische Kultur und Traditionen lebendig zu halten, schwindet die Aachener Landsmannschaft allmählich dahin, zum Teil »aus biologischen Gründen« – viele Mitglieder sind inzwischen gestorben oder gesundheitlich nicht mehr in der Lage, sich zu engagieren. »Wir sind die Letzten«, meint Karl-Heinz. Annelies und Karl-Heinz Kelch werden wohl keine Nachfolger mehr haben.

Natürlich ist Aachen vor allem bekannt als Sitz von Kaisern und Königen, von denen viele auch dort gekrönt wurden. Und die frühere R 1, die ab Aachen nordostwärts in Richtung Rhein führte, war hier eine *Via Regia* (»Straße der Könige«); auf ihr zogen die Herrscher mit ihrem Hofstaat gen Magdeburg, dem östlichsten Außenposten ihres Reiches. Besonders interessant für die Geschichte unserer Straße war der König und spätere Kaiser Otto I., genannt »der Große«. Er wurde im Jahre 936 in Aachen zum König gewählt und gekrönt, und obwohl er in seiner Regierungszeit viel Streit mit anderen Adligen anfing und Feldzüge nach Italien auszutragen hatte, sah er doch seine wichtigste Mission in der Bekehrung der heidnischen Slawen und Ungarn im Osten. Auf unserer Reise werden wir ihm noch mehrmals begegnen.

Jeder Autofahrer mit nur einem Funken Verstand, der von Aachen nach Jülich und Neuss fahren will, nimmt heute die Autobahnen Nummer 44 und 46. Diese wurden gebaut, um den Fernverkehr von der jetzigen B 1, der ehemaligen R 1, aufzunehmen, die im Gegenzug zu einer Landstraße degradiert wurde und auf den Straßenkarten nur noch gelb oder gar weiß eingezeichnet ist. Auf dieser alten Route ist heute ein nervenzermürbendes Stop-and-Go von einer roten Ampel zur nächsten durch Dutzende kleiner Dörfer möglich.

Und während man so im Stau steht, lässt es sich durchaus vorstellen, dass man den Weg in einem schicken, offenen, zweisitzigen Sportwagen zurücklegt, etwa einem 1936er BMW 315/1, so wie damals, ohne all den dichten Verkehr und die vielen Ampeln. Aber dieses Spiel verliert bald seinen Reiz. Die B 1 ist hier, wie übrigens auf dem gesamten nordrhein-westfälischen Abschnitt, nur schlecht ausgeschildert und oft schwer zu finden.

Man bekommt den Eindruck, das Land habe vor lauter Beschäftigung mit dem Bau seines modernen und verwirrenden Netzes von vielbefahrenen Autobahnen und Schnellstraßen die Existenz der alten Straße praktisch vergessen.

Ein Halt in Jülich ist wichtig, hier lernen wir unsere ältesten Reisegefährten kennen, und wir können einen Eindruck davon gewinnen, wie der Weg vor 2000 Jahren ausgesehen hat. Jülich, das damals Iuliacum hieß, war ein wichtiger Ort an der großen Römerstraße, die von Gallien an den Rhein führte. In Jülich gabelte sie sich. Ein Weg führte direkt nach Osten, in Richtung Köln, der andere nordöstlich hin zum Castrum Novaesium, dem heutigen Neuss.

Die Straßen wurden von römischen Legionären und ihren Hilfstruppen gebaut, das war ein Teil der Strategie, das nördliche Mitteleuropa zu erobern und zu beherrschen. Man fragt sich, wie diese Wege damals den einfachen germanischen Stämmen vorgekommen sein könnten – wahrscheinlich wie Erscheinungen aus einer anderen Welt. Denn Römerstraßen waren fünfundzwanzig Meter breit – fast so breit wie moderne Autobahnen –, solide gebaut, mit effizienter Drainage und meistens pfeilgerade. In der Mitte zog sich ein robuster, leicht gewölbter Streifen eines gestampften Kies-Sand-Gemisches für Kutschen und Karren entlang, und zu beiden Seiten gab es Sandbahnen für Pferde und anderes Getier. Es gab stabile Brücken, Raststellen, wo Reisende pausieren oder übernachten konnten sowie Wegweiser und Meilensteine zur Angabe von Entfernungen. Entlang der Straßen befanden sich oft kleinere Ansiedlungen, Tempel und Gräber.

Einen faszinierenden Querschnitt einer römischen Straße kann man im Museum von Jülich an einem raffinierten Modell bewundern. Es entstand anhand von Ausgrabungen im Zuge der Braunkohlenförderung in der Gegend. Aufgrund der verschiedenen Farben und Schattierungen der einzelnen Baumaterialien kann man die Schichten, die die ursprüngliche Römerstraße bildeten, erkennen sowie die folgenden Reparaturen und Verbesserungen an der Fahrbahnoberfläche und schließlich die später aufgebrachten Schichten. Es ist ziemlich eindeutig, dass niemand im Straßenbau fähiger war als die Römer, bis im 19. Jahrhundert die Preußen kamen.

Diese Reste entstammen einem Straßenabschnitt zwischen Jülich und Köln und sind vermutlich erhalten, weil dieser über die Jahrhunderte am stärksten benutzt und deshalb wohl besser instand gehalten wurde. Die alte R 1 dagegen folgte in etwa dem nordöstlichen Abzweig nach Neuss, der nach der Römerzeit zunächst in Vergessenheit geriet. Hiervon sind keine Spuren mehr übrig bis auf einige Gräber und einen Stich aus dem 17. Jahrhundert, auf dem die Ruinen einer Römerbrücke zu sehen sind, die einmal das Flüsschen Erft überspannte und nun schon lange verschwunden ist.

Schade, dass die R 1 nicht durch Köln führte, denn das wäre ein wunderbarer Anlass für mich gewesen, von meinen allerersten Eindrücken in Deutschland zu berichten. Es war mitten in der Nacht, irgendwann 1954, als ich nach einer über zwanzigstündigen Eisenbahn- und Schifffahrt aus Nordengland im Kölner Hauptbahnhof eintraf. Bis zu meinem Anschlusszug nach Marburg hatte ich mehrere Stunden Aufenthalt, und mein Vater, der seine 16-jährige Tochter nicht gerne die halbe Nacht in einem Bahnhof herumsitzen wissen wollte, hatte mir etwas Geld mitgegeben und mir gesagt, ich solle mir ein Hotelzimmer nehmen und ein paar Stunden schlafen. Als ich aus dem Baustellengewirr des Bahnhofs ins Freie trat, tat sich mir plötzlich im Mondlicht wie ein verwunschener Berg im Märchen der mächtige Dom auf. Dieser Eindruck bleibt mir bis heute unvergesslich.

Das andere unvergessliche Erlebnis in dieser ersten Nacht in Deutschland war profanerer Natur. Ich wollte um sechs Uhr dreißig wieder aufstehen – um *half past six*, wie man bei uns zu Hause sagt – und bat den Portier, mich um *halb nach sechs* zu wecken. Er hatte wohl nicht ganz genau zugehört, und um *halb sechs* klingelte es. Eine Stunde zu früh, so ein Ärger! Ich legte mich wieder hin, verschlief und verpasste den Zug. Ich habe nie wieder vergessen, dass *halb sechs* »eine halbe Stunde *vor* sechs» bedeutet, und nicht wie im Englischen »danach«.

Die alte R 1 schlängelt sich durch Titz und Jackerath und durch üppiges Ackerland, wo nur moderne Windräder und weiße Dampfwolken ferner Kühltürme am Horizont von naher Großindustrie und Ballungsgebieten mit immensem Energiehunger künden. Es fordert einige Entschlossenheit, weiter ihrem Verlauf zu folgen, wird doch der Verkehr immer wieder auf die A44 und A46 geleitet. Kurz hinter Jackerath ist dann alle Entschlossenheit vergebens. Die Straße unterquert eine Autobahn und öffnet sich zu einem Parkplatz. Dreißig Meter weiter endet die alte R 1 an einer Schranke, dahinter ein Erdwall. Und jenseits davon – weder Straße noch Felder, nicht einmal Land! Der Blick öffnet sich auf eine Mondlandschaft: Vorne ein tiefer Cañon, ansonsten nichts als unfassbare Mengen einer braunen Masse, die von riesigen schwarzen Maschinen ausgebaggert wird.

Die Straße ist wie vom Erdboden verschwunden. Wo geht sie weiter? Um das herauszufinden, umfahre ich das Tagebauloch von Garzweiler und erkenne auf diesem Weg, welches Schicksal die Dörfer getroffen haben muss, die einst dort lagen. Denn wie eine große braune Flut dehnt sich der Tagebau immer noch weiter aus. Gleich nördlich von Jackerath ist nun Pesch an der Reihe. Gewaltige Stöße von totem Holz liegen herum, Erdschollen und Baumwurzeln. Bauarbeiter schachten weiter aus oder verlegen Rohrleitungen. Das Dorf liegt im Sterben, es ist fast schon tot. Alte Häuser und Höfe aus dunkelrotem Ziegelstein, wo Familien über Generationen Landwirtschaft betrieben haben, stehen verlassen und warten auf die Abrissbirne, die bereits eine Straße weiter ihr Geschäft betreibt. An einem Gebäude hängt ein Schild: »Dieses Haus ist bewohnt!«, am nächsten wird jedem Eindringling mit Hunden gedroht. Wie die anderen Dörfer, so hört man, wird auch dieses anderswo wieder aufgebaut. Man kann den massiven Widerstand gut verstehen. Selbst wenn eines Tages das Land wieder der Natur zurückgegeben wird, sind doch ein Stück Heimat, Lokalgeschichten und Erinnerungen zerstört, den gierigen Industrien und Haushalten an Rhein und Ruhr zum Fraß vorgeworfen.

Für mich war das alles ein tiefer Schock – nie zuvor hatte ich einen Tagebau gesehen. Und es verdarb mir geradezu eine meiner frühesten und stärksten Erinnerungen an Deutschland aus der Zeit, als ich noch Schülerin und Studentin war – an den Geruch. Ich liebte diesen rauchigen Duft, der mich an köstliche deutsche Würste und Schinken denken ließ. Später fand ich heraus, dass es wohl Braunkohlenrauch gewesen sein musste, denn es roch so anders als bei uns zu Hause, wo wir mit Steinkohle heizten. Für mich blieb dieses Aroma mit Deutschland verbunden. Heute riecht man es dank des technischen Fortschritts kaum noch. Hätte ich damals gewusst, woher der Geruch stammte, ich hätte ihn sicher nicht so sehr gemocht.

Auf der anderen Seite des Tagebaus, nicht weit von dem riesigen Braunkohlen-Elektrizitätswerk in Grevenbroich-Frimmersdorf und -Neurath, fand ich eine schmale Landstraße namens Jülicher Straße, von der ich annahm, hier müsse einst die R 1 verlaufen sein – nicht zuletzt deswegen, weil sie direkt zur nächsten Station unserer Route führt: Elsen.

Enten und Ritter

Eine Schar leuchtend gelber Enten klebt an der Scheibe und überall ein fröhliches Durcheinander – das würde einem wohl nicht als Erstes in den Sinn kommen beim Gedanken an den legendären Deutschen Orden. Ebenso wenig scheint ein schnauzbärtiger Bauunternehmer, der mit seinem Mercedes zwischen seinem Zuhause und einem Heim für Jugendliche in Not hin- und herpendelt, viel gemeinsam zu haben mit den stolzen und mächtigen Kriegermönchen des Mittelalters. Und doch war diese kleine Gemeinde Elsen einmal eng verbunden mit dem Deutschen Orden, und sie ist es heute wieder.

Im Mittelalter war Elsen ein reicher und mächtiger Kleinstaat. Er war seit dem 15. Jahrhundert »reichsunmittelbare Herrschaft«, direkt verantwortlich nur dem Kaiser und mit eigenem Stimmrecht im Reichstag. Im Jahre 1265 wurde dem Orden hier Land vermacht, er kaufte weiteres hinzu und wurde so zum Herrscher über dieses kleine, aber reiche und angesehene Fleckchen mit seinem eigenen Rechts- und Gerichtswesen und baute daselbst eine stattliche Wasserburg. Viel mehr weiß man nicht über das Elsen dieser Zeit, außer dass es zur »Ballei«, dem Verwaltungsbezirk Koblenz des Deutschen Ordens gehörte. Dieser sandte Ritter, Geld und sonstige Hilfe in den Osten, um die Feldzüge des Ordens zu unterstützen auf dem Gebiet, aus dem später Preußen hervorging. So ist die Vorstellung wohl nicht allzu weit hergeholt, dass von hier aus Ritter mit dem Schwarzen Kreuz auf der linken Brustseite ihrer weißen Umhänge loszogen, begleitet von Wagenladungen voller Hilfsgüter, Richtung Osten, um die heidnischen Prussen und Litauer zu besiegen und zu bekehren. Ein junger Mann aus der Gegend, Winrich von Kniprode, geboren um 1310 auf Gut Kniprath nahe Monheim südlich von Düsseldorf, machte eine brillante Karriere und war dreißig

Jahre lang, von 1352 bis 1382, in der Blütezeit des Ordens dessen Hochmeister. Er dürfte oft in Elsen gewesen sein.

Was die Ritter im Osten bewerkstelligt haben, sehen wir später. Elsen scheint jedenfalls ein friedlicher, geschäftiger Ort gewesen zu sein, gesegnet mit üppigen Böden in der Nähe der ummauerten, aber unbedeutenden Kleinstadt Grevenbroich. Er überlebte als kirchlicher Kleinstaat bis 1809, als Napoleon die Ritter vertrieb, Elsen verkaufte und mit dem Geld einen Teil seiner Feldzugsschulden bezahlte. Die Wasserburg wurde geschleift, und für eineinhalb Jahrhunderte erinnerte die Elsener nur wenig an ihre glorreiche Vergangenheit: die lange, niedrige Zehntscheuer, in der sich jetzt der Kindergarten befindet, die Kirche mit den schwarzen Kreuzen des Ordens in den Fenstern, auf dem Fußboden und über der Tür sowie ein paar Straßennamen wie Deutschritterallee, In der Herrschaft und Vogteistraße. Heute ist Elsen nur noch ein Stadtteil von Grevenbroich, sein Name per demütigendem Bindestrich an den des mittlerweile größeren Nachbarn angehängt.

Man könnte sich fragen, wie viele Schulkinder, die heute im Geschichtsunterricht etwas über den Deutschen Orden lernen, auch erfahren, dass er immer noch existiert. Natürlich nicht als Ritterorden, sondern als geistliche Gemeinschaft und Wohltätigkeitsorganisation von Priestern, Nonnen und Laien, die »Familiaren« genannt werden. Insgesamt sind es über tausend Personen, die sich in den Bereichen Seelsorge, Krankenpflege und Sozialarbeit unter dem Motto »Helfen und Heilen« engagieren. Nur wenige wissen, dass die Nationalsozialisten, obwohl sie die Geschichte des Ordens in ihrer Propaganda verherrlichten (und verfälschten), den Orden selbst verboten und Priester und Nonnen aus ihren Gemeinden und Klöstern vertrieben; manche von ihnen wurden umgebracht. Später wurden ihre Besitzungen in Osteuropa von den kommunistischen Regierungen enteignet, und viele Priester und Laien verschwanden im Gefängnis oder in Lagern. Nach der Wende hat der Orden seine Arbeit in einigen der früheren Ostblockstaaten wieder aufgenommen, nicht jedoch in seinem ehemaligen Kernland in Ostpreußen.

Seit Ende der 1970er Jahre ist der Orden auch wieder zurück in Elsen, betreibt den Kindergarten und kümmert sich um in Not geratene Kinder, Jugendliche und Heranwachsende. Treibende Kraft hinter der Organisation ist Peter Pick, ein engagierter, energischer katholischer Bauunternehmer, der zugleich als enthusiastischer Bewahrer der Lokalgeschichte des Ordens wirkt. Damit ist der Orden in Elsen wie auch anderswo zu einer Tätigkeit zurückgekehrt, die seinem ursprünglichen Ziel recht nahe kommen dürfte. Gegründet wurde er nämlich im Jahre 1190 im Heiligen Land, um die Kranken und Bedürftigen unter den damaligen Teilnehmern der großen Kreuzzüge zu versorgen. Winfried von Kniprode jedoch, der das Hochmeisteramt zur Zeit der Kreuzzüge in Osteuropa innehatte, hätte sich sicher ganz schön gewundert.

Die heutige B 1 ist wirklich das Aschenputtel unter den Straßen dieses Teils von Nordrhein-Westfalen. Die schwarze Eins auf gelbem Grund ist hier beinahe so selten wie ein vierblättriges Kleeblatt, so verliert man eine Menge Zeit, bis man endlich die Brücke bei Neuss erreicht, wo unsere Straße über den Rhein führt.

Das Ende der Zivilisation?

Wo beginnt der Osten? Hätte man diese Frage Marcus Caelius gestellt, hätte er sicher geantwortet: »Na hier, am Rhein.« Hinter ihm, im Westen, lag Gallien, mehr oder weniger vollständig unterworfen von seinem riesigen und modernen Heer, unter römischem Recht und Steuerwesen und Teil des Römischen Reiches. Östlich lebten die freien Stämme Germaniens, in seinen Augen Barbaren, Wilde, die ihre eigenen seltsamen Gesetze und Gebräuche hatten. Novaesium, wie Neuss damals hieß, war ein Castrum, eine Grenzfestung, eines in einer ganzen Reihe entlang des Rheinufers, an dem seit sechzig Jahren, seit Julius Caesar, die Grenze des Weltreichs verlief.

Vielleicht erbaute Marcus Caelius' 18. Legion die große aus Gallien kommende Straße, die bei Jülich auf die spätere Reichsstraße 1 stieß – wir wissen es nicht.

Aber er wird sicher auf diesen Römerstraßen gereist sein, hoch zu Ross neben seinen Fußtruppen, schon von weitem sichtbar mit seinem stolzen Federbusch auf dem Helm, den Medaillen und klobigen Armreifen, seinen militärischen Auszeichnungen, und vielleicht dann und wann mit seiner *vitis* auf Störenfriede zeigend, dem Stock aus Rebenholz als Zeichen seines Amtes. Geboren in Bononia, dem heutigen Bologna, stammte Marcus Caelius seinem Namen nach von den Etruskern ab, die die Stadt gegründet hatten, und war nun im Alter von dreiundfünfzigeinhalb Jahren auf dem Höhepunkt seiner militärischen Laufbahn. Er war *Primus Pilus,* »Erster Speerträger« seiner Legion, mit anderen Worten der ranghöchste Zenturio, ein Amt, das er auf ein Jahr innehaben würde. Er bekam etwa sechzigmal so viel Sold wie ein einfacher Legionär und konnte sich mehrere Diener leisten, darunter zwei freigelassene Sklaven, Privatus und Thiaminus. Er muss sehr hart gearbeitet und gekämpft haben und außerordentlich zäh gewesen sein, um durch die Ränge aufzusteigen und diese Position zu erringen, die höchste, die ein Soldat einfacher Herkunft erreichen konnte. Über ihm standen nur noch die Tribunen, Legaten und der General, die alle aus Familien der Oberschicht stammten.

Nach Abschluss seines Dienstjahres konnte er die Aufnahme in den *ordo equestris* erwarten – ursprünglich so etwas wie eine Ritterschaft und der einzige Weg, wie ein gewöhnlicher Soldat in eine höhere Gesellschaftsschicht aufsteigen konnte. Das bedeutete, dass er wohlhabend war, ein Pferd halten und eine verantwortliche Position im öffentlichen Leben wahrnehmen durfte.

Bis dahin gab es aber noch allerhand zu erledigen. Die germanischen Stämme auf der linken Rheinseite hatten die Römer akzeptiert und sich sogar mit ihnen verbündet; einige ihrer Anführer hatten das römische Bürgerrecht erworben. Die Römer brachten ihre Gesetze, Sprache und Gebräuche und bauten schöne Straßen und sogar Städte. Doch auf der rechten Seite des Flusses sah es anders aus. Zwar hatte man auch dort bereits Kastelle errichtet, es wurde Handel getrieben, und viele Stämme schienen friedfertig, doch die Römer übten noch nicht die Kontrolle aus. Nun wollte Kaiser Augustus die Grenze seines Imperiums nach Osten verschieben, vom Rhein an die Elbe.

Es trat ein neuer Befehlshaber auf den Plan, um die Operationen an dieser wilden Grenze zu befehligen – Publius Quintilius Varus, ein Patrizier, der mit einer von Augustus' Großnichten verheiratet war und bislang einen ruhigen Posten als Statthalter von Syrien innehatte. Er war eher Bürokrat als Mann der Tat, mit starren Vorstellungen, arrogant und offensichtlich unfähig, die Germanen zu verstehen, und er glaubte dennoch, besser als seine Vorgänger zu wissen, wie diese schwierigen Stämme zu unterwerfen seien. So nahm er sich vor, ihre eher demokratisch geprägte Form der Selbstverwaltung durch römisches Recht und Rechtsprechung zu ersetzen sowie, zu ihrer hellen Empörung, Steuern von ihnen zu erheben. Wer weiß, was der alte Haudegen Caelius von Varus dachte. Ob der *Primus Pilus*, Veteran so vieler Feldzüge, insgeheim wusste, dass sein neuer Chef einen schrecklichen Fehler beging?

Die 18. Legion könnte in Castra Vetera, dem heutigen Xanten, stationiert gewesen sein, etwas rheinabwärts, aber im Sommer dürfte sie sich gelegentlich hier im Castrum Novaesium aufgehalten haben. Novaesium war nicht das ganze Jahr über besetzt, sondern diente nur zeitweise als Operationsbasis für im Einsatz befindliche Truppen. Irgendwo hier, vielleicht auch etwas weiter flussabwärts, setzte im Jahre 9 n. Chr. Varus mit der 17., 18. und 19. Legion für einen Sommerfeldzug über den Rhein. Wie wir später noch sehen werden, war es dieses Jahr, in dem der Name von Marcus Caelius in die Geschichte eingehen sollte.

KAPITEL 3

Spionage als Beruf

Düsseldorf, vor allem die schicke Einkaufsmeile rund um die Königsallee, stand für mich mehr als alles andere für den Reichtum und Überfluss Westdeutschlands in den 1970er und 1980er Jahren. Überall glitzernde Prachtbauten, Champagnerbars und luxuriöse Hotels, Kaschmirpullover und Pelzmäntel, und all die feinen Damen, die in eleganten Boutiquen teure Designerkleider anprobierten.

Die Reichsstraße 1 führte einmal mitten durch das Zentrum der Stadt am Rhein, und eine Fahrt auf diesem Abschnitt dürfte ein wahres Vergnügen gewesen sein. Heute verschwindet die alte Straße in der Dunkelheit und den Abgasen eines langen, verkehrsreichen Tunnels, und man verpasst das Zentrum fast vollständig. Schließlich taucht sie kurz vor dem Oberlandesgericht wieder auf, diesem großen, stattlichen Gebäude aus dem vorletzten Jahrhundert voller Geschichte und Geschichten. Darin geht es vor allem um Prozesse gegen Leute, die eben diese opulente westdeutsche Gesellschaft bekämpften – RAF-Terroristen und ostdeutsche Spione, darunter Günter Guillaume, der Spion in Willy Brandts Kanzleramt, und Markus Wolf, Ost-Berlins Spionagechef. Später dann, mit etwas anderen Motiven, islamistische Möchtegern-Terroristen, Mitglieder terroristischer fundamentalistischer Verschwörungen.

Im Zusammenhang mit einem dieser Prozesse lernte ich einen früheren ostdeutschen Geheimdienstmann kennen, den ich hier Hans nenne. Hans strotzte vor Energie, war witzig und unbezähmbar – so ganz anders, als man sich jemanden von der Stasi vorstellt – und obendrein hundertprozentiger Kommunist. Eines

Tages erzählte er mir seine Geschichte. Er hatte eine Leitungsposition in der DDR-Landwirtschaft, aber fühlte, dass er dort seine Talente, seine Energie und sein Engagement für den Kommunismus nicht voll zur Geltung bringen konnte. Ich vermute, dass er sich auch langweilte. Er ging zu den Parteivertretern und erklärte ihnen: »Ich fühle mich nicht ausgelastet. Ich habe viel mehr beizutragen. Gebt mir etwas Neues.« Und schon bald wurde er in den Westen geschickt, um dort Spione anzuwerben. Es war die Zeit der großen politischen Demonstrationen, und Hans erkannte, dass er in diesem Umfeld sehr erfolgreich sein konnte. Eines Tages saß er in einem Lokal in einer norddeutschen Stadt und las den »Spiegel« (»Das war eine der größten Freuden, bei uns zu Hause durften den nur die ganz oben lesen«), während draußen auf der Straße eine Demonstration stattfand. Eine Gruppe durstiger junger Demonstranten kam in das Lokal; als es an das Bezahlen der Rechnung ging, entdeckten sie zu ihrer Bestürzung, dass sie nicht genug Geld dabei hatten. Worauf sich Hans über die Theke beugte und zum Wirt meinte: »Diese Rechnung geht auf mich« und noch eine Runde bestellte. Seine dankbaren Gäste luden ihn ein, sich zu ihnen zu setzen. Hans stellte sich als Handelsreisender vor, bald schon steckten sie in tiefen politischen Diskussionen. Eins kam zum anderen, und nach einer Weile hatte Hans einen der Demonstranten für seine Sache gewonnen.

Seine lustigsten Geschichten handelten allerdings nicht von toten Briefkästen, geheimen Treffpunkten oder ähnlichen spannenden Dingen aus der Welt der Geheimdienste, sondern waren solche, die man nicht in Romanen findet, so etwa sein Erlebnis im Berliner Grenzbahnhof Friedrichstraße: Bei all seiner Begeisterung für den Kommunismus reiste Hans doch liebend gern in den Westen und dachte geringschätzig über die stickige, spießige Gesellschaft bei ihm zu Hause. Eines Tages sah er bei einem

Westbesuch in einem Sexshop regenbogenfarbene Kondome, die wie ein Haifischkopf geformt waren. »Die muss ich haben!«, sagte er sich. »So etwas haben die zu Hause noch nie gesehen!« Und er kaufte eine Schachtel.

Spätnachts erreichte er den Grenzübergang im S-Bahnhof Friedrichstraße mit den Kondomen im Koffer und hoffte, ohne Probleme passieren zu können, als er sah – »Oh je!« –, dass der Grenzer eine Frau war. Die Grenzposten durfte er in seine wirkliche Tätigkeit nicht einweihen, so gab er sich immer als DDR-Geschäftsmann mit West-Reiseerlaubnis aus. »Öffnen Sie den Koffer!«, befahl die Frau. Hans öffnete, sie kramte in seinen Sachen und stieß auf die kleine Schachtel. »Was ist *das* denn?«, wollte sie wissen. Hans, dem klar war, dass nun Schwierigkeiten bevorstanden, verlangte, ihren Vorgesetzten zu sprechen. Der erschien schließlich, und Hans enthüllte ihm seine wahre Funktion. »Aber was ist Ihr Problem?«, fragte der Zöllner. »Das hier«, meinte Hans und zeigte auf die Schachtel Kondome. Dem Mann fielen fast die Augen aus dem Kopf. »Wahnsinn, die muss ich auch haben!«, rief er. »Wie viel wollen Sie dafür?«

Das Gute an Staus

Von Düsseldorf führte die alte R 1, jetzt die B 1, weiter nach Norden und streifte Duisburg. Im Gebäude des dortigen Stadtmuseums befindet sich heute das Königsberg-Museum, an dessen Aufbau Frau Kelch beteiligt war und das ein bemerkenswertes Bild dieser ehemals deutschen Stadt vermittelt. Kurz vor meinem Besuch hatte das Stadtmuseum eine packende Ausstellung über die Bombardierung von Duisburg im Zweiten Weltkrieg gezeigt. Der Ausstellungskatalog gab mir viel zu denken, während ich die Straße weiterfuhr, die nun bei Mülheim/Ruhr erneut nach Osten abknickt und bald von der hektischen A40 aufgenommen wird, dem »Ruhrschnellweg«, der Essen, Bochum und Dortmund verbindet. Während die dichtbebaute Stadtlandschaft an mir vorüberzog – zum Glück blieb ich von Staus verschont, unter denen die gut 140 000 Autofahrer, die hier jeden Tag entlangfahren, oft zu leiden haben –, machte ich mir Gedanken, wie all das einmal ausgesehen haben musste, dieser Ballungsraum von alten Industriestädten, bevor er von alliierten Bombern in Schutt und Asche gelegt wurde. Wahrscheinlich ziemlich ähnlich wie das düstere alte Industriegebiet um Manchester, in dem ich selbst aufwuchs. Vielleicht leben auch hier noch Menschen, denen es wie mir kalt den Rücken hinunterläuft, wenn sie eine Sirene heulen hören oder das dumpfe Brummen einer Propellermaschine vernehmen, das damals Bomben, Feuer und Tod mit sich brachte. Menschen, deren erste Erinnerungen darin bestehen, wie sie von diesen Geräuschen des Nachts aus ihren warmen Betten in eiskalte Luftschutzbunker getrieben wurden, wo sie dicht an dicht mit den Nachbarn ausharren mussten, während die Erde bebte. Wie beneidete ich meinen kleinen Bruder, der in seinem warmen Babykorb hinuntergetragen wurde und die ganzen Ereignisse glücklich verschlief. Zum Glück lebten wir etwa dreizehn Kilometer von Manchester entfernt und wurden vom Schlimmsten verschont, aber wenn wir tagsüber in der Stadt waren, sahen wir die verheerenden Schäden.

Für uns waren die Piloten jener Flugzeuge die *Gerries*, doch für mich – ich konnte damals höchstens drei oder vier Jahre alt gewesen sein – waren das keine echten Menschen. Ich stellte sie mir als eine Art schreckliche Ungeheuer vor, die jede Nacht über den Himmel zogen und Tod und Zerstörung brachten. Viele Jahre später bekam ich diese Monster aus meiner Phantasie einmal leibhaftig zu Gesicht. Ich spazierte mit meiner Tochter, die damals etwa drei oder vier gewesen sein dürfte, über den großen

Flohmarkt in Rom an der Porta Portese. Die gefürchteten realen Schreckgespenster zu jener Zeit in Rom waren Einbrecher, vor denen keine Wohnung sicher zu sein schien, und meine Tochter musste die Angst der Erwachsenen mitbekommen haben. Sie griff mich plötzlich an der Hand und zeigte auf etwas: »Mami, Einbrecher!« Ich sah mich um, und da waren sie: hässliche, ziemlich furchterregende kleine Figuren mit grünen oder gelben Gesichtern, langen dünnen Nasen, ebenso langen, klauenartigen Fingern und verdrehten Körpern. Für den Händler waren es chinesische Marionetten, aber für uns waren es die Ungeheuer unserer Kinderphantasien, ihre »Einbrecher« und meine *Gerries*.

Eines Tages während eines Bombenangriffs platzte es aus mir heraus: »Mami, ich hasse die Gerries!« »Aber nein, Pat!«, meinte meine Mutter, »So etwas sollst du nicht sagen. Es gibt auch eine Menge guter Deutscher. Und Deutschland ist ein schönes Land; früher sind die Menschen dorthin in Urlaub gefahren.« Ich war erschüttert. Meine kleine Welt schien einzustürzen. Zum ersten Mal in meinem jungen Leben war mir deutlich gemacht geworden, dass die Wahrnehmung sich stark von der Wirklichkeit unterscheiden kann.

Man kann durchaus sagen, dass sich der Ruhrschnellweg zu einem festen Bestandteil der Kultur des Ruhrgebiets entwickelt hat und ein wichtiges Thema für Gespräche, Witze und vor allem die Frustration aller Anwohner geworden ist. Sogar eine Musikgruppe hat sich nach ihm benannt, die sich selbst als »Stimme des Ruhrgebiets« betrachtet. Die Staus sind legendär und, so wurde mir erklärt, eine Viertelstunde Verspätung bei Verabredungen ist hier immer verzeihlich. Ob die ältere Generation noch B 1 sagt oder die jüngere A40, diese Straße ist immer schuld.

Wenn man nach einigen Jahren gelernt hat, sich zu entspannen und Staus als gegebene Tatsache hinzunehmen, können sie anscheinend auch etwas Kreatives haben. Einige Jahre nach der

Wende stand Ulrich Borsdorf, Direktor des Essener Ruhrlandmuseums, in einem solchen Stau und sinnierte über die erstaunliche Zahl osteuropäischer Nummernschilder seit dem Fall des Kommunismus. Als Historiker ging ihm auf, dass nach einem halben Jahrhundert der Teilung Europas diese Straße ihre alte historische Funktion wiedergewonnen hatte: als traditionelle West-Ost-Landverbindung durch das nördliche Mitteleuropa. Dazu konnte man doch geradewegs eine Ausstellung machen!

Er stürzte sich mit seinen Mitarbeitern auf das Thema, und intensive Recherchen begannen. Zwei von ihnen bereisten die gesamte Strecke mit einem Wohnmobil und besuchten Museen und wichtige Stätten entlang der Route. Daraus ging dann – um es kurz zu machen – 1997 eine sehr große und aufschlussreiche Ausstellung hervor: »Transit. Brügge–Novgorod. Eine Straße durch die europäische Geschichte«.

Es ist bemerkenswert, welchen Einfluss diese Ausstellung hatte. Aus der über mindestens ein halbes Jahrhundert währenden Vergessenheit tauchten plötzlich überall in Nachschlagewerken und im Internet Bezüge auf die Straße und insbesondere das Stichwort »Brügge–Novgorod« auf, nicht zu reden von dem besagten Schild am Beginn der alten R 1. (Als ich die Idee zu diesem Buch entwickelte, hatte ich von der Ausstellung noch nichts gewusst.)

Professor Borsdorf räumt sofort ein, dass die Idee einer solchen Straße ein Konstrukt ist. Die Strecke wurde nie als Ganzes geplant, trug nie diesen Namen und dürfte auch nicht allzu oft in ihrer ganzen Länge bereist worden sein. Dennoch war sie, mit verschiedenen, variierenden Seitenästen, eine der wichtigsten Verbindungswege der europäischen Zivilisation.

Hier in diesem Teil von Westfalen, zwischen Duisburg und Paderborn, hatte die Straße tatsächlich einmal einen Namen – der »Hellweg«. Er soll seine Ursprünge schon in vorrömischer

Zeit, bei den Germanen, gehabt haben und später teilweise unter Karl dem Großen ausgebaut und im Mittelalter von Kaufleuten und Pilgern häufig benutzt worden sein. Wie immer es früher gewesen sein mag, der Abschnitt der R 1/B 1/A 40 im Ruhrgebiet ist jedenfalls heute ziemlich anstrengend zu bereisen, selbst wenn man in keinen Stau hineingerät, und es ist eine Erleichterung, wenn die Route hinter Dortmund zu einer normalen Landstraße wird.

Hier kann man beobachten, wie sich die Straße ursprünglich entwickelte. Städte wie Unna, Werl, Soest, Erwitte und Geseke sind alle ungefähr fünfzehn Kilometer voneinander entfernt, für Händler mit schwerbeladenen Pferdefuhrwerken also etwa eine Tagesreise. Die Straße führte buchstäblich von Kirchturm zu Kirchturm, und über große Teile der Strecke kann man tatsächlich den nächsten Kirchturm schon geradeaus in der Ferne entdecken. Zudem blickt man hier wie auch im weiteren Verlauf über viele, viele Kilometer rechts und links der Straße weit übers Land. Man fährt durch ein sehr fruchtbares Gebiet mit Lößboden, der seit Jahrhunderten bebaut wird, und wo nur wenige Bäume Räubern als Versteck dienen konnten.

Panzer und Kröten

Ein paar Kilometer vor Paderborn hat so manche wichtige Persönlichkeit die R 1 verlassen und ist ein kurzes Stück nordwärts in eines der wenigen verbliebenen Heidegebiete Norddeutschlands gefahren, die Senne. Es ist ein verwunschener Ort mit Birken, Heidekraut, Sanddünen, sogar einigen Sümpfen und seltenen und gefährdeten Schmetterlingsarten, Vögeln und Blumen. So sahen große Teile von Westfalen über viele Jahrhunderte aus, und nur eines bewahrte die Senne-Landschaft vor dem Vordringen von Entwässerungsgräben, Dünger, Landwirtschaft, Bebauung und dem allgegenwärtigen Zement, der alles andere zerstört hat. Es war der gleiche Grund, der all diese wichtigen Persönlichkeiten in diese Ecke führte – das Militär.

Schon 1851 verwandelte das preußische Heer einen Teil der Senne in einen Kavallerie-Übungsplatz. Ein halbes Jahrhundert später befehligte Kaiser Wilhelm II. hier seine »Kaisermanöver«. Während des Zweiten Weltkrieges wurde das Gelände unter anderem zum Ausbildungszentrum für Tiger-Panzerdivisionen, und 1944 kam Mussolini hierher, um vor seiner Elite-Infanteriedivision »Littorio« zu stolzieren. Dann folgten die Amerikaner und schließlich die Briten inklusive Feldmarschall Bernard Montgomery, der einen Tiger-Panzer auf Tauchfahrt vorgeführt bekommen wollte. 1956 und 1977 nahm Königin Elisabeth II. dort Paraden der britischen Rheinarmee ab.

Heute ist das britische Kontingent in Sennelager weitaus kleiner und bescheidener. Entlang der Hauptstraße hinter den »Normandy«-Kasernengebäuden, im Armeejargon als *the strip* bekannt, gibt es immer noch einige der für den britischen *Squaddie* überlebensnotwendige Einrichtungen: einige Pubs, einen Fish-and-Chips-Laden, einen Sexshop, ein Tätowierstudio und ein paar Händler für zollfreie Autos. Doch es geht nicht mehr so bunt zu wie auf dem Höhepunkt des Kalten Krieges, als hier alles voll war mit Stripteaseclubs, Bars und allerlei finsteren Spelunken. Auch die Bundeswehr und andere Nato-Armeen üben hier einige Wochen im Jahr.

Bei einem Truppenübungsplatz dürfte wohl jeder als Erstes an verheerende Umweltschäden denken: Panzer, die bei den Manövern das Gelände in eine Mondlandschaft verwandeln, und der Geschützdonner, der jeder Kreatur das Leben zur Hölle macht. Doch nichts dergleichen. Die Panzer beispielsweise sind sogar eine Art symbiotisches Verhältnis mit der Kreuzkröte eingegangen – oder vielmehr umgekehrt. Die Spuren der Kettenfahrzeuge verwandeln sich bei Regen in tiefe Pfützen, und die Kreuzkröten, die sich von praktisch allem verschrecken lassen, es sei denn, sie sehen frisch entstandene Wasserlöcher, legen ihre Eier dort ab. Die Brut schlüpft schnell, bevor die Pfützen austrocknen oder erneut durchpflügt werden, und so ist die nächste Generation Kreuzkröten gesichert. Auch die Vögel und sonstigen Tiere haben sich schnell an das Geballer gewöhnt, sobald sie gemerkt haben, dass es nicht ihnen gilt. Und weil die Schüsse von den Rändern in Richtung Zentrum des Geländes abgefeuert werden, ist der innere Bereich, wo sich kaum jemand aufhält, ein wahres Paradies für alle möglichen bedrohten Arten.

Allein die Tatsache, dass dieses Land nicht bewirtschaftet wird, hat es als Heimat für zahlreiche gefährdete Arten bewahrt – die Hälfte der Schmetterlinge und vierzig Prozent der Vögel hier stehen auf der Roten Liste. Die Armee und eine kleine biologische Forschungsstation arbeiten eng zusammen. Die Station hält eine Herde von etwa tausend Heidschnucken und zwanzig Ziegen, die durch ihr ständiges Grasen die Heide verjüngen und Baumsprösslinge kleinhalten. Die Offiziere teilen der Schäferin mit, wo jeweils geübt wird, und sie führt dann ihre Herde anderswohin. Falls einmal Panzer ein Gebiet besonders schwer beschädigen, pflügt die Armee dort und sät den Boden mit zuvor an der gleichen Stelle gesammelten Samen wieder neu ein. Und obwohl militärische Belange eigentlich Priorität besitzen, sollen Manöver auch schon einmal so verlegt worden sein, dass Kraniche, die auf der Durchreise dort gelandet waren, nicht gestört wurden.

Doch noch so viele seltene Wildpflanzen und Vögel dürften die Erinnerungen eines gewöhnlichen *Squaddies* an Sennelager nicht nachhaltig beeinflussen. Auf einer höchst inoffiziellen Website der britischen Armee kann man Folgendes lesen:

»Wie die meisten Truppenübungsplätze ist Sennelager im Winter kalt und nass, und heiß und staubig im Sommer. Schon die Armeen von Hitler und dem Kaiser hassten diesen Ort, bevor wir die Chance bekamen, ihn zu hassen. Sennelager war berühmt für seinen *Strip* und die *Rhine Army Summer Show* (RASS). Beide waren wegen des Bierkonsums legendär. Aber das ist vorbei, denn der *Strip* ist auch nicht mehr das, was er einmal war, und die Show haben sie eingestellt, weil es irgendwo so einem Offizier nicht klar war, was das Fest für die Moral und unser Verhältnis zur deutschen Bevölkerung bedeutete.«

Und:

»Vielleicht der schlimmste Truppenübungsplatz der Welt.«

Der deutsche Wald

Von den sandigen ehemaligen Heideflächen der Senne verläuft die ehemalige R 1 weiter in ein hügeliges Waldgebiet. »Sie werden die Deutschen nie verstehen, bevor Sie nicht ihr atavistisches, fast schon mystisches Verhältnis zu ihren Wäldern verstehen«, hatte man uns Studenten an der Universität erklärt. Und es stimmt ja auch, der Wald ist in Deutschland allgegenwärtig – in der Dichtkunst, in Märchen und Volksliedern, in Musik und Malerei. Man schleppte uns auf lange Wanderungen durch die Wälder, und wir beobachteten Umweltschützer, die erbittert um den Erhalt einzelner Flächen und gegen neue Landebahnen und Atommüll-Endlager kämpften. Gleich im Anschluss an die Senne trifft man auf einen der berühmtesten deutschen Wälder: den Teutoburger Wald, wo der uns schon bekannte Marcus Caelius in die Geschichte einging.

Die deutschen Wälder sind viel größer, dichter und wilder als die kleinen Wäldchen, die wir auf unseren Britischen Inseln noch übrig gelassen haben, nachdem wir den Rest für den Bau von Schiffen abholzten. Dennoch haben sie heute mit ihren gut markierten Wanderwegen, Reit- und Fahrradwegen, Parkplätzen, der sorgfältigen Waldbewirtschaftung und all den sonstigen Einflüssen der Zivilisation sicher nur noch wenig gemeinsam mit jenem dichten, wilden und unwegsamen Urwald von vor zweitausend Jahren, in dem sich die germanischen Stämme zu Hause fühlten und der den römischen Soldaten mit Sicherheit Angst eingejagt hat.

Es wäre interessant zu wissen, was Marcus Caelius von den Germanen dachte, die zu unterwerfen und zu Untertanen Roms zu machen er bezahlt wurde – ob er der Darstellung von Tacitus zustimmte, der von ihren Kampftechniken und ihrem kriegerischen Mut berichtete, von ihren Bräuchen und ihrer Lebensart. Und ob er so beeindruckt war wie Tacitus von ihrem moralischen Lebenswandel: »Sie sind beinahe die einzigen Barbaren, die sich mit einzelnen Frauen begnügen. … Also leben sie in wohlbehüteter Keuschheit, sie sind von keinen Verlockungen des Schauspiels oder der Festmähler verdorben. Geheime Liebesbriefe sind dem Mann wie der Frau ganz unbekannt. Trotz der großen Zahl des Volkes kommt Ehebruch nur selten vor. … Denn hier lacht niemand über das Laster, und der Zeitgeist verlangt nicht nach Verführung.«

Tacitus hatte natürlich einen besonderen Hintergedanken: Er wollte die Germanen als Muster der Tugendhaftigkeit der ausschweifenden römischen Gesellschaft gegenüberstellen. Abgesehen von der Schilderung solcher Gewohnheiten wie erst spät aufzustehen und sich gerne zu betrinken sowie der Weigerung der Krieger, wenn sie gerade einmal nicht kämpften, auch nur einen Finger zu rühren, um ihren Frauen zu helfen, die die ganze Hausarbeit machten und sich noch um die Landwirtschaft kümmerten, dürfte es sich hier alles in allem um eine der schmeichelhaftesten Charakterdarstellungen handeln, die je ein Volk bekommen hat.

Es existieren mehrere Manuskripte von der *Germania* des Tacitus, von denen eines, der sogenannte *Codex Aesinas lat. 8*, vermutlich dem verschollenen Original am nächsten kommt. Jahrhundertelang ist das Manuskript durch Europa gewandert und landete schließlich in den Händen der reichen Adelsfamilie Balleani in den italienischen Marken, die zufällig auch standfeste Antifaschisten waren. Die Nazis wollten unbedingt in den Besitz dieser »Geburtsurkunde« des »deutschen Volkes« kommen. Mussolini hatte bereits die Übergabe zugesagt, nahm das Versprechen aber nach einem Aufschrei der Entrüstung in der Öffentlichkeit wieder zurück. Der britische Historiker Simon Schama hat festgehalten, wie eines Tages im Jahr 1943, als Mussolinis Macht schwand und die Deutschen die Gegend besetzten, eine Einheit der SS in Begleitung der faschistischen italienischen Miliz den Hügel vor den Toren von Iesi zu dem eindrucksvollen Landschloss der Familie hinaufstieg und an das Tor hämmerte. Weil ihnen niemand öffnete, brachen sie das Tor auf und fanden den Ort verlassen vor. Sie durchsuchten alle Räume bis in den letzten Winkel. Als sie nichts fanden, begannen sie, Rache zu nehmen. Fresken wurden zerkratzt, Obszönitäten an die Wände geschmiert, Möbel zertrümmert, Gemälde zerschlitzt und Mosaikfußböden mit Gewehrkolben malträtiert. Unterdessen versteckte sich die Familie, die rechtzeitig gewarnt worden war, in den Kellern eines viel älteren festungsartigen Palazzo der Balleanis im Städtchen Osimo. Das Manuskript ruhte die ganze Zeit über unversehrt an einem sicheren Ort, wo die SS sich nicht einmal die Mühe machte nachzusehen – in einer mit Zinn beschlagenen Truhe in einem finsteren Vorratskeller eines dritten, damals schon unbewohnten Palazzos der Familie in Iesi selbst.

Marcus Caelius kannte wahrscheinlich Arminius, den jungen und, wie es heißt, brillanten Anführer des Stammes der Cherusker, der Varus nahe stand und sicher oft mit diesem zusammen tafelte und sich mit ihm und seinen ranghohen Offizieren beriet. Arminius – dies war die latinisierte Form seines germanischen Namens, der heute nicht mehr herauszufinden ist – hatte bereits an mehreren Feldzügen des römischen Heeres teilgenommen und dabei eine berittene Hilfstruppe befehligt. Wahrscheinlich wegen der dabei erworbenen Verdienste war ihm das römische Bürgerrecht verliehen worden, und er schien in jeder Beziehung loyal zu Rom und dessen Armee zu stehen. Er und die anderen Germanenführer zeigten sich in jeder Hinsicht friedfertig, auch wenn ihre Stammesmitglieder innerlich vor Wut kochten angesichts der Art und Weise, wie Varus von ihnen Steuern zu erheben und ihnen das Römische Recht aufzuzwingen versuchte.

Im besagten Jahr 9 n. Chr. war Varus nach seinem Sommerfeldzug auf dem Weg zurück an den Rhein, als er sich mit seinen drei Legionen im Teutoburger Wald aufhielt. Womöglich war Marcus Caelius dabei, als Arminius und andere Germanen Varus von einem Aufstand einiger Stämme in der Nähe berichteten und ihm empfahlen, einen Umweg zu machen, um den Aufstand niederzuschlagen. Sie selbst würden ihn zu der Stelle führen. Dabei, so versicherten sie ihm, bewegten sie sich in Freundesland. Ob sich Caelius dabei unwohl gefühlt hat? Wusste er, dass Arminius' Schwiegervater, der den jungen Häuptling hasste, weil dieser seine Tochter gegen seinen Willen geheiratet hatte, Varus gewarnt hatte, es handele sich um eine Falle? Argwöhnte Caelius etwas, als irgendwann unterwegs der Cherusker plötzlich erklärte, er wolle sich absetzen und Verstärkung von seinem eigenen Stamm holen? Was auch immer er gedacht haben mochte, seine Legionen bewegten sich nicht geschlossen wie sonst in feindlichem Gebiet. Stattdessen zogen sie in lockerer Formation in die angegebene Richtung, wobei ihr Fortkommen noch durch den Tross behindert wurde – Gepäckwagen, Sklaven, die sich um die Ausrüstung kümmerten, Frauen und Kinder. Die Gegend, durch die sie zogen, lag – wie Historiker und Archäologen mit Sicherheit annehmen – zwar noch im Teutoburger Wald, aber ziemlich weit nordwestlich, zwischen den heutigen Städtchen Bramsche und Kalkriese, nördlich von Osnabrück, und vor allem weit entfernt von dem Ort, an dem in späteren Jahrhunderten ihres Schicksals gedacht wurde. Es gab keine Straßen; sie mussten sich durch dichte Wälder, durch Schluchten und Sümpfe kämpfen und Bäume fällen, um Brücken und Wege zu befestigen, über die sie ziehen konnten. Dann begann es in Strömen zu regnen, heftiger Hagel setzte ein, Bäume stürzten um, und die Wege wurden äußerst rutschig. Sie waren in ein Sumpfgebiet geraten. Plötzlich raschelte es zwischen den Bäumen rings um sie herum und ein Hagel von Speeren prasselte auf sie ein. Und dann erblickten sie – germanische Krieger!

Die Schlacht wütete drei Tage lang, es war ein regelrechtes Massaker. Am Ende waren alle drei Legionen – die Angaben schwanken zwischen 15 000 und 20 000 Mann – ausgelöscht; nur einzelne Römer vermochten zu entkommen und von dem Ereignis zu berichten. Man kann nur hoffen, dass Marcus Caelius bei dem Kampf getötet wurde oder sich, wie Varus, als er sah, wie ausweglos die Lage war, in sein Schwert stürzen konnte. Andernfalls wäre er wie seine anderen ranghohen Offiziere von den Cheruskern gefangen genommen und auf dem Altar ihren Göttern geopfert worden. Seinen Schädel hätte man mit den anderen hoch in den Bäumen aufgehängt.

Was immer geschah, von Caelius gab es keine identifizierbaren Überreste mehr. Als sein Bruder Publius von seinem Tod erfuhr, konnte er statt eines Grabsteins nur ein Denkmal, einen Kenotaphen, für ihn errichten. Auf diesem sehen wir ein fein ausgearbeitetes Relief von Marcus Caelius mit seinen sämtlichen Insignien, der *vitis*, seinen vielen Auszeichnungen und einem Kranz auf dem Kopf, der *corona civica* als Zeichen, dass er einmal jemandem das Leben gerettet hatte. Das Gesicht ist leider beschädigt, zum Glück nicht die Inschrift, die uns alles berichtet, was wir heute von ihm wissen. In den beiden oberen Ecken befinden sich kleinere Büsten, die seine freigelassenen Sklaven Privatus und Thiaminus zeigen. Es ist nicht bekannt, ob sie die Katastrophe überlebten oder ob ihre Überreste ebenfalls verschollen sind. Dieser Stein ist der einzige, der eine Person namentlich identifiziert, die bei der Schlacht im Teutoburger Wald ums Leben kam. Er wurde in Xanten gefunden, wo Marcus Caelius und die 18. Legion wahrscheinlich stationiert waren, und steht heute im Rheinlandmuseum in Bonn.

Mit der sogenannten Varus- oder Hermannsschlacht war die Zeit der Römer in Germanien noch nicht zu Ende. Augustus schickte Germanicus, um das Massaker zu rächen und die Ehre der Römer wiederherzustellen. Doch einige Jahre später gab er alle Eroberungspläne auf und zog seine Truppen zurück. Arminius wurde um 21. n. Chr. von cheruskischen Verwandten ermordet.

Wegen des römischen Rückzugs, so erklärt man uns, sprechen die Nachfahren der germanischen Stämme heute Deutsch und nicht wie ihre gallischen Nachbarn eine direkt vom Lateinischen abgeleitete Sprache. Deshalb sind sie noch lange ein »Naturvolk« geblieben und haben in inniger Verbundenheit mit ihren Wäldern gelebt, anstatt sich einer fremden Zivilisation zu unterwerfen und deren Kulturtechniken zu erlernen. Die Schlacht im Teutoburger Wald war ein entscheidendes Ereignis auf dem Weg zu einem modernen Germanien, zum Deutschland von heute. Achtzehn Jahrhunderte nach der Schlacht begannen die Nachfahren jener Stämme, dem Ereignis eine ganz neue Bedeutung zuzumessen, die Arminius sicher die Sprache verschlagen hätte. Heine, der auf seiner »Winterreise« an dem Arminius gewidmeten Denkmal vorbeikam, beschrieb es so:

»Die deutsche Nationalität
Die siegte in diesem Drecke«

»O Deutschland! Vaterland!«, lässt Heinrich von Kleist Wolf, den Fürsten der Katten in seinem Stück »Die Hermannsschlacht« ausrufen, in leidenschaftlicher Missachtung der Tatsache, dass das Konzept »Deutschland« als Nation erst etwa 1500 Jahre nach der Schlacht entstanden und das Konzept eines gemeinsamen »Vaterlandes« aller Deutschen erst ein politisches Thema seiner eigenen Zeit war. Der Kriegerprinz Arminius, der seinen Sieg in einem barbarischen Massaker durch puren Verrat errungen hatte, wurde zu einem Helden der deutschen Nation des 19. Jahrhunderts verklärt.

Die alte R 1 zog sich durch den Teutoburger Wald, sehr nahe an dem Arminius gewidmeten Denkmal vorbei. Jener war zwischenzeitlich Hermann genannt worden, weil das germanischer klingt, obwohl das nun ziemlich sicher, wie man heute weiß, nicht sein richtiger Name gewesen war. Und so kam es, dass eines sehr frühen Sommermorgens auch ich mich auf den Hügel mit diesem großen Denkmal mühte, das dort auf seinem hohen Sockel thront. Wenn man so an ihm hochschaut, tut man sich schwer daran, nachzuvollziehen, was die Menschen einst für diesen gewaltigen, leicht plumpen und unbeholfenen Koloss empfunden haben. Man kann sich heute die Woge der nationalen Begeisterung kaum noch vorstellen, aus der heraus das Denkmal vor über 130 Jahren geschaffen wurde und der es eine solche ungeheure symbolische Bedeutung verdankt. Und doch muss sie einmal äußerst machtvoll gewesen sein, diese nationalistische Leidenschaft, die Kleist,

Heine und viele andere befeuerte und den Bildhauer Ernst von Bandel einen Großteil seiner Lebenszeit daran arbeiten ließ, trotz all der endlosen Schwierigkeiten, durch die er sich selbst finanziell ruinierte. Es war ein Denkmal, für das viele Menschen spendeten – sogar Heine schrieb: »... hab' selber subskribiret« – und das der Kaiser höchstselbst 1875 einweihte. Natürlich war diese Leidenschaft damals nicht auf Deutschland beschränkt; auch anderswo in Europa kämpften zu dieser Zeit Intellektuelle und Idealisten für Einheit und Nation, während – geben wir's ruhig zu – viele ihrer Landsleute in dieser Frage passiv und gleichgültig blieben. Heute, im Wissen darum, wie diese an sich berechtigte und ehrenwerte Leidenschaft später auf desaströse Weise außer Kontrolle geriet, wie sich zu der Liebe zur eigenen Nation eine Illusion von Überlegenheit, Hass und Verachtung für andere gesellte, erscheint dieses Denkmal für einen imaginierten Nationalhelden anachronistisch und auch leicht peinlich.

Was nur wieder einmal etwas darüber aussagt, wie subjektiv Empfindungen sein können. Denn was ist schließlich, so betrachtet, überhaupt der Unterschied beispielsweise zwischen der New Yorker Freiheitsstatue und dem Hermannsdenkmal? Beides sind große Statuen, die einmal aufgestellt wurden, um eine wichtige Aussage zu treffen. Unser Bild von Hermann ist geprägt von dem, was später geschah. Ich frage mich oft, was wir von Elgars berühmtem »Pomp and Circumstance March No 1« halten würden – meiner Meinung nach ein wahrhaft pompöses und triumphalistisches Musikstück –, wenn es für Hitlerdeutschland geschrieben worden wäre anstatt für ein selbstzufriedenes und selbstgefälliges Britannien auf der Höhe seiner imperialen Macht. Ich denke, es wäre heute unspielbar.

Für den Fall, dass dennoch heute immer noch irgendwer beim Anblick dieses Hermanns in Verzückung gerät, tut glücklicherweise die Umgebung des Denkmals ihr Bestes, diese Wallungen in Grenzen zu halten. Vor der Statue steht ein Stein mit einer Gedenktafel und der Inschrift: »Deutsche Frauen und Männer bekennen sich anläßlich des 75-jährigen Bestehens des Hermannsdenkmals einmütig zur Einigung der Völker durch den Frieden.«

Ansonsten tragen auch die Manifestationen unserer kommerzialisierten Welt ganz gut dazu bei, das Trumm zu trivialisieren. Vor nicht allzu langer Zeit trug die Statue das größte Fußballtrikot der Welt. Vor dem Gipfel kommt man an einem »Varus-Restaurant« und einem »Hermanns-Café« vorbei. Ein »Teutoburger Kletterpark« bietet kleinen Germanen aufregende Strickleitern und Türme zum Spielen. Und nur ein paar Meter von der Statue entfernt scheppert eine blecherne Frauenstimme aus einem Fotoautomaten bis zum Überdruss: »Verwandeln Sie sich in einen Römer oder Cherusker!« So billig und banal das alles ist, kann man eigentlich doch dankbar sein für solch krasse Respektlosigkeit an diesem Ort.

Südlich des Hermannsdenkmals verlief die alte R1 durch die sogenannten Externsteine, eine bemerkenswerte Ansammlung seltsam geformter, bis zu vierzig Meter hoher Sandsteinfelsen. Seit dem 19. Jahrhundert haben sie Romantiker, Esoteriker, Amateurhistoriker, Nazis und *New-Age*-Anhänger gleichermaßen fasziniert, sie alle regt die Vorstellung an, es habe sich um ein altes germanisches Heiligtum gehandelt. Napoleon soll einen Teil der Steine zerstört haben, um auf dem Weg nach Moskau eine Kanone hindurchzubugsieren. All diese Geschichten scheinen eher auf Vermutungen als auf Tatsachen zu beruhen. Umweltschützer hatten ihre liebe Not, die örtliche Gemeindeverwaltung davon abzuhalten, die Stelle in einen Event-Ort zu verwandeln und Massenveranstaltungen dort abzuhalten. Dennoch kommen alljährlich hunderttausende Touristen hierher. Die heutige B1 macht einen großen Bogen darum.

KAPITEL 4

Und wo sind sie geblieben?

Hamelin town's in Brunswick,
By famous Hanover city,
The river Weser, deep and wide,
Washes its walls on the southern side…
Robert Browning: The Pied Piper of Hamelin, 1888

Nahe Hannover im norddeutschen Land,
Da liegt ein Ort, der ist Hameln genannt.
Die südlichen Mauern der Stadt umschwellen
Des Weserstromes klare Wellen…
(Deutsch von Marie Schweikher, 1889)

Auch englische Kinder kennen die weltberühmte Geschichte vom Rattenfänger von Hameln, gewöhnlich durch Robert Brownings bekanntes Gedicht. Auch sie trauern mit den Eltern um die verschwundenen Kinder und fragen sich, wo sie wohl geblieben sind. Und so manchen zieht es sogar direkt in diese schöne Bilderbuchstadt, wo es bis zum heutigen Tag wimmelt von Ratten und von Rattenfängern: aus Brotteig, aus Zucker, aus Schokolade, Holz oder Plastik, gemalt, gedruckt und sogar ein Exemplar in Fleisch und Blut – ein Rattenfänger, der in traditionellem bunten Kostüm und mit starkem amerikanischen Akzent den phantasievollen Alleinunterhalter der Passanten gibt.

Wer war nun aber der historische Rattenfänger? Was steckt wirklich hinter der bekannten Legende? Das Stadtmuseum präsentiert eine bunte Vielfalt an Theorien, die im Laufe der Zeit aufgestellt worden sind: von einem Veitstanz-Massenausbruch über einen heidnischen Ritualmord bis zum Kinderkreuzzug – da ist für jeden etwas dabei. Ich selbst habe mich für die auch von Historikern am wahrscheinlichsten gehaltene Version entschieden: dass die alte Geschichte auf die mittelalterliche Ostkolonisation zurückgeht. Der Rattenfänger könnte einer der Rekrutierungsagenten gewesen sein, die man damals Lokatoren nannte, und die im Auftrag irgendeines osteuropäischen Potentaten unterwegs waren, um neue Untertanen zu werben, die das Land bewirtschaften, Steuern zahlen, Kinder haben, Wohlstand schaffen und in der Armee dienen sollten. In alten Quellen kann man lesen, dass diese Männer leuchtend bunte Kleidung trugen und Pfeife oder Trommel spielten, um die Kundschaft in Städten und Dörfern auf sich aufmerksam zu machen. Die Sage spricht von »Kindern der Stadt«, gemeint sind eigentlich junge Leute. Es ist also ziemlich wahrscheinlich, dass die Opfer des »Rattenfängers« junge Erwachsene waren, vielleicht auch frischverheiratete Ehepaare, nicht nur aus der Stadt, sondern aus der ganzen Umgebung, die sich von den Versprechungen ködern ließen – da winkte ein Stück Land, vielleicht ein steuerfreier Neuanfang und wer weiß was noch alles. Und so zogen sie am 26. Juni 1284 – wenn das sagenumwobene Datum stimmt – hinaus durch das Ostertor unsere Straße entlang, die zukünftige Reichsstraße 1, nach Osten, um sich dort ein neues Zuhause aufzubauen.

Und es sieht so aus, als hätten sie nicht nur auf unserer Straße die Stadt verlassen, sondern seien ihr noch eine ganze Weile gefolgt, durch Magdeburg und Brandenburg, um dann weiter nach Norden zu ziehen in Richtung Uckermark und Prignitz bis schließlich nach Pommern. Nicht allzu weit, gewiss, nach heutigen Maßstäben, aber für damals weit genug, um auf Nimmerwiedersehen zu verschwinden. Diesen neuen Aspekt der Geschichte verdanken wir einem Wissenschaftler der Universität

Leipzig, Professor Jürgen Udolph, einem Spezialisten der Onomastik, der Namenslehre.

Namen, so erläutert Professor Udolph, können uns eine Menge historische Informationen verraten, die auf andere Weise unzugänglich sind. Vor allem Orts- und Flurbezeichnungen sind äußerst aufschlussreich. Schon immer benannten Emigranten gerne ihre neuen Gemeinden nach ihren Herkunftsorten, was uns vor allem aus dem amerikanischen Kontext bekannt ist. Udolph hat nun in Brandenburg, der Uckermark und Pommern eine ganze Reihe Ortsnamen gefunden, die solchen in der Nähe von Hameln ähneln. So ist beispielsweise der Ortsname Hamelspringe an der Quelle des Flüsschens Hamel, das unterhalb der Stadt in die Weser fließt, eng verwandt mit Hammelspring bei Templin in der Uckermark. Siedler aus Beverungen unweit von Hameln sind sehr wahrscheinlich verantwortlich für die Ortsnamen Beveringen bei Pritzwalk und Beweringen in Pommern. Aus Schaumburg könnte Alt-Schaumburg geworden sein, drei Kilometer entfernt von dem heute in Polen gelegenen Küstrin (jetzt Kostrzyn). Seltsamerweise scheint übrigens keine Stadt nach Hameln selbst benannt worden zu sein.

Doch was ist mit den Ratten? Älteren Versionen der Legende zufolge gelang es dem Rattenfänger, die »Kinder« auch ohne den Vorwand einer unbezahlten Rechnung für die Ungezieferbeseitigung zu entführen. Erst im späten 16. Jahrhundert tauchen die Tiere in der Geschichte auf, vielleicht um ein Motiv zu finden, nachdem der ursprüngliche Zusammenhang in Vergessenheit geraten war. Mit seinen vielen Getreidemühlen litt Hameln immer wieder unter Rattenplagen, und die Einwohner mussten sicher öfter einmal nach professionellen Schädlingbekämpfern rufen.

Die Straße erreicht die Altstadt von Hameln über die Münsterbrücke und verlief früher mitten hindurch, um sie dann wieder über der Osterstraße zu verlassen. Heute führt die B1 um die Mauern der Altstadt herum und am Münsterwall an einem Hotel vorbei, das früher ein Gefängnis war und im Dritten Reich ein Zuchthaus wurde. Die heutigen Gäste werden kaum erfahren, dass im inzwischen längst abgerissenen Westflügel des Gebäudes in den Jahren zwischen 1945 und 1949 zweihundert deutsche Kriegsverbrecher von den britischen Besatzungsbehörden gehängt wurden. Der britische Henker, Albert Pierrepoint, wurde hierzu eigens zwanzigmal eingeflogen. Die Hinrichtungen empörten die einheimische Bevölkerung, erklärt Bernhard Gelderblom, ein bärtiger Schullehrer um die sechzig, der über die Geschichte Hamelns im Dritten Reich geforscht hat. Obwohl die Männer anscheinend einen fairen Prozess hatten, wurden die Urteile doch als »Besatzer-Justiz« betrachtet.

Am 8. Oktober 1946 warteten vierzehn Verurteilte auf den Henker. Einer von ihnen war Max Pauly, ein rundgesichtiger 39-Jähriger, der genauso aussah, wie man sich jemanden aus dem Berufsstand vorstellt, dem er selbst früher angehört hatte: Er war ursprünglich Gemischtwarenhändler in Wesselburen in Dithmarschen gewesen. So lange jedenfalls, bis er der SS beitrat und in den Osten geschickt wurde, um für seinen Führer dort etwas zu erledigen. Wir werden ihm später nochmals begegnen.

In diesem Zuchthaus hatten in den Jahren des Nationalsozialismus andere Menschen eingesessen, erklärt Herr Gelderblom, deren Schicksal keine Empörung unter der damaligen Bevölkerung auslöste. Dort saßen neben politischen Gefangenen und gewöhnlichen Kriminellen auch Ausländer aus mindestens zwölf verschiedenen Ländern – darunter Franzosen, Niederländer, Italiener und Belgier –, die Mitglieder von Widerstandsgruppen gewesen waren oder sich anderweitig den deutschen Besatzern in ihren Heimatländern entgegengestellt hatten. Im Winter 1944/45 war das Zuchthaus völlig überbelegt, es muss die Hölle gewesen sein. Oft saßen vier Personen in einer Einzelzelle. Typhus, Diarrhö, Wanzen und Läuse waren allgegenwärtig, es gab wenig zu essen, kaum warme oder saubere Kleidung und keine Heizung. Gut 300 Gefangene starben an Hunger oder Krankheiten. Und gerade als die Amerikaner am 5. April 1945 sich der Stadt näherten, wurden 420 ausländische Häftlinge, viele von ihnen krank und vollkommen entkräftet, noch zu einem Todesmarsch durch strömenden Regen auf der Reichsstraße 1 nach Osten gezwungen, weil sie von den Alliierten nicht gefunden werden sollten. Viele überlebten diese Strapaze nicht. Wer zu fliehen versuchte, wurde erschossen, andere brachen vor Erschöpfung zusammen und starben, wieder andere wurden getötet, als sie nicht mehr laufen konnten.

Etwa zehn Kilometer östlich der Stadt bogen sie von der R1 ab und quälten sich weitere dreißig Kilometer über Landstraßen nach Eschershausen, wo sich eine Außenstelle des Zuchthauses befand. Am nächsten Tag schließlich wurden diejenigen, die diesen Marsch überstanden hatten, von den Amerikanern befreit.

Herrn Gelderbloms Suche nach der Wahrheit über die Zeit des Nationalsozialismus in Hameln gestaltet sich einsam. »Die Stadt hat in einer besonderen Weise die Erinnerung an die Nazizeit verdrängt«, meint er. »Die Menschen hier lieben das Bild der idyllischen mittelalterlichen Rattenfängerstadt. Es fehlen einfach Leute, die sich der dunklen Seite der Stadt verantwortlich annehmen.« Dennoch konnte er mit Erfolg mehrere gutbesuchte Ausstellungen veranstalten, Broschüren veröffentlichen und in Vorträgen über einige historische Ereignisse aufklären, die er selbst ans Tageslicht gebracht hat. Andererseits hat er aber auch anonyme Drohungen erhalten und ist auf Reaktionen gestoßen wie »Ach, nicht schon wieder!«, »Jetzt muss endlich Schluss sein!« oder – »Sie Jude!«

Ein Flecken Grün

Etwa vierzehn Kilometer hinter Hameln liegt der kleine Marktflecken Coppenbrügge an unserer Straße, benannt wohl nach der Burg Coppen, von der nur noch die Außenmauern erhalten sind. Manche glauben, dass die »Kinder« von Hameln vielleicht hier zum letzten Mal gesehen wurden. Sie führen diese Vermutung auf eine alte Inschrift an einem Haus in Hameln zurück, in der es heißt, die Kinder seien »to calvarie bi den Koppen verloren«.

Hier in Coppenbrügge, gleich unterhalb des Burgbergs, macht die Straße einen scharfen Knick nach rechts und führt an einer großen, leeren Rasenfläche vorbei, die eingerahmt ist von einer Hecke; ein paar hohe Bäume voller zwitschernder Amseln spenden Schatten. Als Oskar Levy zum letzten Mal hier war, sah der jüdische Friedhof nicht so aus. Die Fläche war gerade eingeebnet worden, und sechzig Grabsteine von jüdischen Einwohnern Coppenbrügges lagen zerbrochen auf einem großen Haufen, von dem sich jeder bedienen konnte. Nur vier Steine von Gräbern, deren Ruhefrist noch nicht abgelaufen war, standen noch. Die stattlichen Torpfosten mit hebräischer Inschrift waren an den Eingang des christlichen Friedhofs gebracht worden, der damals gerade erweitert wurde.

Die Geschichte der Zerstörung des jüdischen Friedhofs in Coppenbrügge ist vielleicht noch ein wenig unschöner als manche ähnliche Geschichte von jüdischen Friedhöfen. Schon 1935, drei Jahre bevor viele jüdische Friedhöfe in der »Reichskristallnacht« zerstört wurden, hatte Bürgermeister Friedrich Beckmann mit Unterstützung des Landrats Dr. Helmut Lambert um eine Erlaubnis nachgesucht, den Friedhof zu schließen. Die Sache schien dringend. Warum? Herr Gelderblom glaubt, es könne nur einen einzigen Grund gegeben haben: Hier kam jedes Jahr Adolf Hitler in einem offenen Mercedes vorbei auf seinem Weg zu dem riesigen »Reichserntedankfest« auf dem nahe gelegenen Bückeberg. Diese Feierlichkeit war gemeinsam mit den Reichsparteitagen in Nürnberg eine Schauveranstaltung zur Demonstration der immensen persönlichen Popularität Hitlers und seines Nationalsozialismus in der Öffentlichkeit. Etwa eine halbe Million Landbewohner, viele in traditioneller Tracht, kamen zwischen 1933 und 1936 jährlich auf dem Bückeberg zusammen, um Hitler reden zu hören und Militärmanöver anzuschauen, die, obwohl das vielen vielleicht noch nicht bewusst war, die Zuschauer psychologisch auf den Krieg vorbereiten sollten. Im Jahre 1937 waren es bereits über eine Million.

Und jedes Mal versammelte sich auch eine Menschenmenge entlang der Anfahrtsstrecke, um dem Diktator zuzujubeln und ihm kleine Kinder entgegenzustrecken, die er küssen sollte. Bürgermeister Beckmann, von Beruf Friseur, sei kein fanatischer Nazi gewesen, meint Herr Gelderblom, und erst 1938 der NSDAP beigetreten. Doch der Zeitgeist war derart, dass ein jüdischer Friedhof direkt an der R1, genau dort, wo Hitler immer vorbeifuhr, wohl als schreckliche Schande für den Flecken galt. 1937 willigten die Behörden schließlich ein, dass der Friedhof geschlossen werden sollte – das heißt, es sollten keine weiteren Begräbnisse dort stattfinden –, aber sie bestanden darauf, dass er »dauernd« in einem würdigen Zustand erhalten werden müsse. Beckmann kümmerte sich nicht um diese Auflage, er ließ den Friedhof kurzerhand einebnen.

Schon im Oktober 1937 waren von den etwa einhundert Juden, die einmal in Coppenbrügge gelebt hatten, nur noch Oskar

Levy und seine Frau Lieschen übrig geblieben. Oskar Levy hatte für sein Land im Ersten Weltkrieg gekämpft, war mit einem Frontkämpferkreuz ausgezeichnet worden und hatte danach in seinem großen Haus direkt gegenüber der Burg eine florierende Textilhandlung aufgebaut. Das Gebäude war so stattlich, dass es heute als Rathaus dient. Doch der von den Nazis ausgerufene Boykott jüdischer Läden ruinierte ihn; er musste alles verkaufen und Räume bei einem Uhrmacher anmieten. 1938 notierte der Bürgermeister, Levy sei »völlig verarmt«. Dennoch verlangte man ihm noch einen Dienst für den Flecken ab. Als letzter verbliebener männlicher Jude, erklärte man ihm, müsse er dem Verkauf des Friedhofs an den Flecken zustimmen, und zwar für die lächerliche Summe von 450 Reichsmark. Noch bevor er den Vertrag unterzeichnen konnte, wurde er in der Reichspogromnacht in das KZ Buchenwald verschleppt. In derselben Nacht wurden auch die letzten verbliebenen Grabsteine durch Nazischergen zertrümmert; einer der Täter hatte zuvor schon Oskar Levy auf offener Straße zusammengeschlagen.

Als Levy sechs Wochen später wieder zurückkehrte, erzählte er kein Wort von seinen schrecklichen Erlebnissen (das war strengstens verboten), er und seine Frau zogen sofort nach Hannover, wo ihre Tochter lebte. Bürgermeister Beckmann konnte nun berichten, Coppenbrügge sei »judenfrei«. In Hannover mussten die Levys in ein sogenanntes »Judenhaus« ziehen und wurden schließlich ins Ghetto von Riga verschleppt. Wie von den meisten, die dorthin gerieten, hat man nie wieder etwas von ihnen gehört.

Nun erging eine Aufforderung an die »Reichsvereinigung der Juden« – eine Marionettenorganisation der Gestapo, deren Aufgabe es war, das von den jüdischen Besitzern zurückgelassene Vermögen an Häusern, Möbeln und Grundstücken zu Geld zu machen –, den Coppenbrügger Friedhof für 450 RM zu verkaufen. Das Angebot richtete sich an die Gemeinde, aber Beckmann setzte sich eigenmächtig selbst als Käufer ein. Warum dieser an dem Kauf interessiert war, bleibt unklar – vielleicht hoffte er, das Grundstück eines Tages mit Profit zu verkaufen. Sein Besitzstreben war immerhin so stark, dass er noch 1951 vor Gericht irreführende Äußerungen machte und andere ebenso dazu anstiftete, um zu verhindern, dass der Friedhof den Juden zurückgegeben wurde.

In den 1960er Jahren pachtete die Gemeinde den ehemaligen Friedhof und verpachtete ein Teilstück weiter an den Verband der jüdischen Gemeinde, so dass dieser einen Gedenkstein errichten konnte. Zuvor wurden aber von dem Grundstück zwei breite Streifen abgetrennt, einer für eine Bushaltestelle und der andere, um ein angrenzendes Schulgelände zu vergrößern. Ein anderes großes Stück im westlichen Teil des Geländes wurde lange Zeit von den Besitzern eines anliegenden Grundstücks als Garten genutzt; obendrein führte der alltägliche Schulweg der Kinder über den ehemaligen Friedhof. Erst 1998, sechzig Jahre nach seiner Zerstörung, kam der Friedhof – der nun nur noch zwei Drittel seiner ursprünglichen Größe umfasste – endlich wieder in jüdischen Besitz. Die alten Torpfosten wurden wieder an ihren ursprünglichen Platz zurückgebracht. Der Ort ist heute die letzte Erinnerung daran, dass einmal Juden in Coppenbrügge lebten. Dass es ihn überhaupt noch gibt, ist großenteils den Anstrengungen von Herrn Gelderblom zu verdanken.

Legendenjäger

Die frühere R 1 verläuft weiter durch Hildesheim nach Braunschweig, wo in der Celler Straße eine große, weiße, klassizistische Villa steht. Hier befindet sich das Vermächtnis von Georg Eckert, einem Historiker, Sozialdemokraten und heimlichen Widerständler innerhalb der Wehrmacht. Nach dem Krieg wurde er Professor für Geschichte und Methodik des Geschichtsunterrichts und setzte sich zum Ziel, die Mythen, Feindbilder, Vorurteile und allgemeinen Fehlinformationen zu bekämpfen, die die verschiedenen Nationen voneinander haben und die oft derselben Art von Quelle entstammen: den Schulbüchern. Die Institution, die er aus seiner internationalen Zusammenarbeit mit Lehrergewerkschaften heraus gründete und bis zu seinem Tod 1974 leitete, heißt heute Georg-Eckert-Institut für Internationale Schulbuchforschung und hat ihren Sitz in dieser Villa. Unter der Schirmherrschaft des Instituts treffen sich Historiker und Geografen aus Deutschland und anderen Ländern in bilateralen Kommissionen oder internationalen Gesprächskreisen, um Schulbuchautoren und Lehrer ihrer Heimatländer auf Mängel in der Darstellung aufmerksam zu machen und mit historisch akkuraten und möglichst unverfälschten Informationen zu versorgen und so bei der Völkerverständigung zu helfen.

Eines der wichtigsten Projekte Eckerts war es, den Schutt der Vergangenheit dort wegzuräumen, wo er am dicksten lag – in der Thematisierung des Verhältnisses von Deutschland und Polen im Schulunterricht. Es ist schon bemerkenswert, dass diese Arbeit Anfang der siebziger Jahre begann, als Polen noch unter kommunistischer Herrschaft stand. »Das war nicht einfach«, meint Robert Maier von der Deutsch-Polnischen Schulbuchkommission. »Zwar wurde damals die friedliche Koexistenz propagiert, allerdings sollte diese nach kommunistischer Lesart mit einer verschärften ideologischen Auseinandersetzung einhergehen. Was Eckert mit den bundesdeutsch-polnischen Schulbuchgesprächen anstrebte, war das genaue Gegenteil, nämlich geistige Annäherung. Die Kommission stand mehrfach am Rande des Scheiterns.« Nach der Wende 1989 war die Atmosphäre sehr viel entspannter. Die Polen, nun frei von ideologischen Zwängen, akzeptierten Vorstellungen, die vorher politisch undenkbar gewesen waren. Dennoch, so Maier, sei das heikle Thema der Vertreibung in manchen polnischen Schulbüchern »noch vielfach sehr reduziert« und werde oft in wenigen Zeilen abgehandelt. »Aber es gibt leuchtende Ausnahmen.« Überreste dieser alten Haltung sind heute auch noch zu erkennen in polnischen Bedenken gegen deutsche Pläne für ein »Zentrum gegen Vertreibungen«, bei dem die Polen instinktiv annehmen, es handele sich dabei um einen Ausdruck von deutschem Nationalismus, wenn nicht sogar Revanchismus.

Am Anfang der Arbeit stand die Aufgabe, zunächst einmal historische Fakten auf wissenschaftlicher Grundlage zu erheben. Hier haben alle Beteiligten, jeder für sich wie auch gemeinsam, hart gerungen, die Wahrheit ans Licht zu bringen, insbesondere bei lange umstrittenen Fragen. Eine von diesen war die Rolle des Deutschen Ordens im Osten, den die eine Seite früher als »Kulturträger«, die andere als brutalen Landräuber charakterisierte. Auch der lange Streit, welcher Nation als erster welches Gebiet »gehörte«, musste erst einmal von der Tagesordnung verbannt werden. Inzwischen haben sich die Historiker beider Seiten in praktisch allen Fragen verständigt, unter anderem eben auch darauf, dass es unmöglich ist, prähistorische und auch spätere Bevölkerungsbewegungen mit Begrifflichkeiten des 19. Jahrhunderts wie die der »Nation« zu interpretieren.

In den gemeinsam erarbeiteten Schulbüchern kommt der Begriff »wiedergewonnene Gebiete« nicht vor. »Das war einer der Prüfsteine«, sagt Maier. Doch die Arbeit müsse weitergehen. Es gebe immer noch bestimmte Gruppen in der Bevölkerung, insbesondere rechtspopulistische Kreise und Medien in Polen, die weiterhin alte Stereotype nährten. »Wenn die Elite nicht achtgibt, könnten alte Feindbilder wieder aufflammen.«

Ein gespenstischer Ort

Beginnt hier der Osten?

Die alte R 1 windet sich hügelan heraus aus Helmstedt, führt in einen lichten Wald und wird zu einer ruhigen Landstraße. Dann geht es kurz ein Stück bergab durch eine Autobahnunterführung, und dann – oder geht nur meine Phantasie mit mir durch? – stellt sich ein düsteres, fast schon schauriges Gefühl ein. Vielleicht ist es der verfallene graue Wachturm zwischen den Bäumen, vielleicht sind es die brutal-hässlichen Betonpfeiler, die von Osten dicke Kabel heranführen, die plötzlich hier enden, oder die unkrautüberwucherten, unbebauten Felder und die jungen Bäume, die auf einem Streifen Land wachsen, dem man noch ansieht, dass er einmal sorgsam frei gehalten wurde. Der Ort würde sich für einen Spionagethriller eignen, für einen Mord oder für einen Horrorfilm über Leute, die aus dem Totenreich zurückkehren. So harmlos dieser baumbestandene Streifen Land heute sein mag, die Atmosphäre ist gleichwohl geblieben – man spürt geradezu noch die Nähe der hässlichsten und tödlichsten Grenze, die es je in Europa gab.

Vierzig Jahre lang endete hier die freie Welt, und die kommunistische begann. Anfangs lag hier nur ein ausgebrannter Anhänger quer auf der Fahrbahn, ein Symbol für Deutschlands Teilung und ein Zeichen für Flüchtlinge aus dem Osten, dass sie endlich den Westen erreicht hatten – das war natürlich noch vor der Schließung der Grenzen. Dann wurde die Straße abgesperrt durch Grenzanlagen, Minenfelder, Selbstschussanlagen, Patrouillenwege und andere Einrichtungen, die im Laufe der Zeit immer weiter perfektioniert wurden. Stille senkte sich über die Grenze, unterbrochen nur von dem Zwitschern der Vögel; Unkraut wucherte, die einzigen Menschen waren bewaffnete Grenzposten. Östlich von hier waren die Menschen ein halbes

Jahrhundert lang eingesperrt, gefangen in einem totalitären System – nicht nur Deutsche, sondern Millionen andere, in Polen und in der gesamten Sowjetunion, bis hin zur Beringstraße, die sie von Alaska und den Vereinigten Staaten von Amerika trennte. Heute herrscht dort Freiheit, mehr oder weniger. Doch dieses halbe Jahrhundert hat die Gewohnheiten und Einstellungen geprägt, die sich noch lange halten, und es hat eine Wirtschafts- und Infrastruktur hinterlassen, die sich von der im Westen stark unterscheidet.

So war es nicht die R 1, sondern die Autobahn – welche die frühere R 1 hier überquert und unter der wir gerade durchgefahren sind –, die den Verkehr zwischen Ost und West übernahm. Gleich rechts hinter der Brücke steht der frühere westalliierte Grenzkontrollpunkt, nahebei die große, bunte und lebhafte Autobahnraststätte Marienborn und die riesige, graue und verlassene frühere Grenzkontrollanlage, heute Gedenkstätte und Museum. Hier arbeiteten in den letzten Tagen der DDR etwa zweitausend Personen. Passkontrollmitarbeiter, allesamt Angehörige des Ministeriums für Staatssicherheit (MfS), kontrollierten Reisepässe und Identitäten und verwendeten streng geheime Gammastrahl-Detektoren, um Personen zu entdecken, die das Arbeiter- und Bauernparadies zu verlassen versuchten. Zöllner suchten nach geschmuggelten Waren und Menschen. Heute sind all diese Büros und Kontrollkabinen verlassen; nur Informationstafeln mit schon verblichener, kaum noch lesbarer Schrift beschreiben das gesamte Überwachungssystem, das Tag und Nacht in Betrieb war. In dem gelb gestrichenen Museums- und Verwaltungsgebäude auf der Rückseite des Komplexes sind Pläne ausgestellt, wie die Grenzanlagen sogar noch weiter perfektioniert werden sollten, um ihre unmenschliche, tödliche Effizienz noch besser zu tarnen.

Besuchergruppen aus Ost und West, die durch die Anlage geführt werden und die Fotos von den Befestigungsanlagen sehen, sind schockiert, wie weit das Regime ging, um seine eigenen Deutschen drinnen und die anderen Deutschen und Ausländer draußen zu halten. Nur wenige, »Ossis« wie »Wessis«, können sich heute noch richtig vorstellen, dass es tatsächlich, bis vor gerade einmal ein paar Jahren, eine solche Grenze gab.

In dem Verwaltungsgebäude hinter der früheren Grenzkontrolle stellen Mitarbeiter die Geschichte der Grenze zusammen. Insbesondere sammeln sie Zeitzeugenberichte von Deutschen beiderseits der Grenze. Sie haben einen Aufruf gestartet, die Menschen sollten ihnen ihre Geschichte erzählen. Die Resonanz war gut – bei den ehemaligen Westdeutschen. Deren Berichte türmen sich zu einem riesigen Berg an Material, worüber bereits in den Medien berichtet wurde.

Problematisch war es, Zeugnisse von der östlichen Seite zu sammeln, insbesondere von jenen, die Teil der Überwachungs- und Unterdrückungsmaschinerie waren. Viele von denen, die am Grenzkontrollpunkt Marienborn arbeiteten, leben auch heute noch in den Dörfern der Umgebung, doch fast alle haben es vorgezogen zu schweigen. Soweit es sie persönlich betrifft, mag das auch so bleiben. Doch nicht nur für die Historiker in Marienborn, sondern auch für alle anderen, die versuchen, diesen bestimmten Aspekt der deutschen Geschichte zu erforschen und zu dokumentieren, ist dies eine äußerst frustrierende Erfahrung.

»Manchmal haben sie Angst, sie könnten ihren Job verlieren und keinen neuen mehr finden, wenn bekannt wird, dass sie für die Stasi gearbeitet haben«, erklärt ein Gedenkstättenmitarbeiter. »Vielleicht empfinden sie Scham. Oder sie verhalten sich so aus einem Loyalitätsgefühl ehemaligen Kollegen gegenüber, einer Art Korpsgeist. Obwohl ›die andere Seite‹ ›gewonnen‹ hat, weigern sie sich immer noch, mit ›denen‹ zusammenzuarbeiten und erzählen nichts über die Vorkommnisse bei sich.«

Eine seltene Ausnahme ist Bernd Richter, ein energischer, bärtiger 63-Jähriger, der in einer ruhigen Straße im nahe gelegenen Dorf Harbke lebt. Richter war Zöllner am Kontrollpunkt Marienborn und ist, vielleicht weil er weniger angreifbar ist als die Passkontrolleure, die dem MfS angehörten, auch weniger zurückhaltend: »Ich meine, dass wir unsere Geschichte ebenfalls erzählen sollten, sonst überlassen wir alles nur denen im Westen«, erklärt er. »Ich sage das auch meinen Kollegen, aber ich kann sie nicht überzeugen.«

Herrn Richters Ehefrau arbeitete mit ihm in Marienborn, erst beim Zoll, dann für eine Speditionsfirma und später in der »Militärverkaufsstelle«. Eine ganze Reihe Ehepaare arbeitete am Grenzübergang; in der Regel konnten sie ihre Schichten so einteilen, dass immer jemand bei den Kindern sein konnte. Richter, der Mitglied der SED war, hatte daran geglaubt – wie man es von ihm erwartete –, »dass das unsere das bessere Gesellschaftssystem war«, besser als das westliche, »wo nur das Geld zählte«. Dennoch sahen sie die Reisenden aus dem Westen nicht als Feinde an, meint er. »Die Fluchthelfer waren unsere Feinde.«

Die Arbeit an der Grenzübergangsstelle war sehr hart, so erinnert er sich. »Zwölf-Stunden-Dienste waren an der Tagesordnung, dreißig bis fünfzig unbezahlte Überstunden im Monat und drei Wochenenden hintereinander zu arbeiten, war ›normal‹. Dazu kam der Aufenthalt im Freien bei Wind und Wetter, Kälte und Hitze sowie die stinkenden Fahrzeugabgase. Da ist es menschlich, zu verstehen, wenn manchem jungen Bediensteten die Nerven durchgingen. Fehlverhalten wurde nicht geduldet und auch geahndet. Leider«, bedauert er, »werden sich nicht die Millionen Bürger melden, die höflich und korrekt behandelt wurden, sondern nur die andern.«

Einmal, während seiner Wehrdienstzeit bei der NVA, musste Richter beim Bau von Grenzbefestigungen helfen, Betonpfeiler errichten und Stacheldraht aufziehen. Dennoch sei ihm das gesamte Ausmaß der Anlagen nicht bewusst gewesen, etwa das elektrische Warnsystem oder die Selbstschussanlagen.

Er schätzt, dass er und seine Kollegen in Marienborn im Schnitt etwa fünf bis zehn Personen pro Monat entdeckten, die versteckt in Fahrzeugen in den Westen zu flüchten versuchten. Sie alle seien aufgrund von Hinweisen der Stasi und ihrem dichten Netz von Beobachtern an Autobahnparkplätzen sowie Spionen überall im Land entdeckt worden und weniger durch eigene Durchsuchungsmaßnahmen. Die Flüchtlinge waren in allen nur denkbaren Hohlräumen der Fahrzeuge versteckt und hofften zweifelsohne, so die Zöllner auszutricksen. »Aber wir wussten schon Bescheid«, meint Richter.

Herr Richter wechselte seine Arbeitsstelle 1987, zwei Jahre vor der Grenzöffnung, nachdem sein Verhältnis zum Zoll zunehmend gespannter wurde. Er war mit der Anwerbung neuer Mitarbeiter beschäftigt, und es wurde immer schwerer, junge Leute für den Zoll zu werben. Diese fanden leicht besser bezahlte Arbeit in der Industrie, und die häufigen Nachtschichten waren unbeliebt. Vielleicht noch wichtiger war, dass sich allmählich auch die Stimmung änderte; immer weniger wollten diese Arbeit ausüben. »Die Wendestimmung kam nicht von ungefähr«, erinnert er sich.

Eine Zeitlang arbeitete er im Endlager für radioaktive Abfälle in Morsleben, einem anderen Grenzort. Heute züchtet er Bienen und hilft Menschen bei ihrer Lohnsteuererklärung. Findet er die Veränderungen seit der Wende gut? »Teils, teils«, meint er. »Die Bildungsmöglichkeiten sind heute größer, es wird nicht mehr alles vom Staat geregelt. Jeder, der die Voraussetzungen hat, kann studieren. Auch die materielle Versorgung ist viel besser; es gibt zum Beispiel überall Baustoffe. Aber schlimm ist der Sozialabbau. Die geistig weniger Hochstehenden sind jetzt schlecht dran. Und an allem sind die Rentner schuld, wenn man den Medien und den Politikern glauben soll.«

Harbke war eines der Dörfer in dem fünf Kilometer breiten Sperrgebiet, das niemand ohne eine besondere Erlaubnis betreten durfte. Als unzuverlässig eingeschätzte Bewohner wurden zwangsausgesiedelt, Telefone abgehört, und Grenzsoldaten waren allgegenwärtig. Aber das machte den Richters nichts aus. »Wir fühlten uns hier absolut sicher«, so Frau Richter.

Ein 300-jähriger Postkrieg

Nach etwa zwei Dritteln der Strecke von Helmstedt nach Magdeburg führt die alte R 1 durch das kleine Dorf Eichenbarsleben. In der Mitte des Ortes, auf der linken Straßenseite, gleich an der Brücke über die Olbe, steht aus Granit ein bescheidener Meilenstein. Es ist ein einfacher, unaufdringlicher Rundsockelstein ohne jede Inschrift. Er ist einer der letzten der einst zahllosen seiner Art, die entlang der preußischen Chausseen standen. Einige dieser Meilensteine waren prachtvolle, stolze Obelisken mit kunstvollen Inschriften und dem charakteristischen Signalhorn der Preußischen Post, andere waren eher bescheiden. Die meisten sind heute verschwunden. Doch zu ihrer Zeit waren sie äußerst wichtig für das Preußische Postwesen, das mit ihrer Hilfe die Fahrpreise für Postkutschenreisende und das Briefporto auf Heller und Pfennig berechnete.

Angesichts eines derart unschuldig aussehenden Steines würde man kaum auf den Gedanken kommen, dass es eine Menge Ärger, Schikanen, Rechtsdispute und sogar gewalttätige Auseinandersetzungen um das Recht gab, entlang dieser (und anderer) preußischer Straßen einen Postdienst zu betreiben. In der Tat war die ziemlich gut funktionierende preußische Post den Prinzen von Thurn und Taxis ein Dorn im Auge, die ein Monopol auf das kaiserliche Postwesen besaßen und drei Jahrhunderte lang mit fairen wie mit weniger fairen Mitteln um die Vorherrschaft in diesem lukrativen Geschäft gekämpft hatten. Die Ereignisse dieses bizarren Postkrieges hat uns Heinrich von Stephan überliefert, ein Königlich-Preußischer Postrat, und zwar in seiner faszinierenden »Geschichte der Preußischen Post«, erschienen 1859 in der Königlichen Geheimen Ober-Hofdruckerei.

Aufgrund seines Amtes kann man von Stephan sicher kaum als objektiven Berichterstatter bezeichnen, aber man ist geneigt, seine »Verwunderung« zu teilen, dass eine so wichtige kaiserliche Institution in Form eines Monopols einer einzigen Familie übergeben wurde – ohne Beratung mit den Kurfürsten und verschiedenen Reichsständen, geschweige denn mit deren Zustimmung. Die Folge war, so Stephan, »ein fast dreihundertjähriger, heftiger, manche tüchtige Kraft aufreibender Streit des Kaisers und des Hauses Taxis mit größeren und kleineren Reichsständen«, die ihr eigenes Postwesen forderten, darunter auch die Preußen. Die Situation wurde noch bizarrer durch die Tatsache, dass der Kaiser höchstselbst über ein eigenes Postwesen in seinen Erblanden gebot, geführt von einem Grafen von Paar, bei dem das Haus Thurn und Taxis außen vor blieb.

»Der Streit wurde von diplomatischen und literarischen Federn, von Gesandten auf den Reichstagen und Wahlversammlungen mit Erbitterung, oft mit Verleugnung aller Würde geführt«, schrieb Stephan, und weiter: »Ja, wenn es bei dem Federkriege noch geblieben wäre! Aber wie in den ärgsten Zeiten des Faustrechts bot man sowohl von Taxischer als von der Fürsten Seite Reisige auf, ließ die dem anderen Theil gehörigen Posten im Heiligen Römischen Reich Deutscher Nationen auf der Heerstraße überfallen, Passagiere und Postillone zu Paaren treiben, die Postmeister in den Städten verhaften und Briefe und Sachen fortnehmen.«

Besonders heftig scheint der Postkrieg auf diesem Abschnitt unserer Straße getobt zu haben, in den Bereichen zwischen Braunschweig und Magdeburg, wo man sogar »die Postmeister gleich den größten Maleficanten in den Thurm sperren« ließ.

Während des Dreißigjährigen Krieges wurden Postbedienstete bei Thurn und Taxis, die alle streng katholisch waren, in protestantischen Gegenden vielerorts als Spione angesehen, obwohl es, so Stephan, hierfür keine Beweise gab. Und selbst der Große Kurfürst beschwerte sich in einem Brief an den Kaiser vom 2. Juli 1652, dass »des Grafen Tassis Postbediente … sich ganz unverantwortlich verkuehnet [haben], … meine Landesfürstliche Hoheit nicht wenig zu violiren, darüber ich dan auch die verordnung thun müssen, daß einige in meiner Stadt Wesel wohnhafte Bürger und Botten zu ihrer Bestrafung und andere zum abscheue etzliche wochen ins gefängnis geworfen und mit wasser und Brodt gespeiset werden sollten«.

Nach dem Dreißigjährigen Krieg unternahm die Familie Thurn und Taxis den Versuch, die Preußische Post zu übernehmen, denn diese warf gute Profite ab und war, laut Stephan, auch schneller als ihre eigene. Als Erstes schickten sie also einen Gesandten nach Berlin, um dort Überzeugungsarbeit zu leisten. Man hatte sich vorgenommen, den Preußischen Postdirektor, Amtskammerrat Michael Matthias, dessen Einfluss in der Angelegenheit als entscheidend erachtet wurde, damit zu bestechen, dass man ihm die Position des Postdirektors für alle kur-brandenburgischen Länder versprach und dazu ein solches Salär, dass er »als ein vornehmer Edelmann davon leben« könne. Als guter preußischer Beamter berichtete Matthias dies jedoch seinem Kurfürsten und riet ihm dringend davon ab, die Fürstenfamilie sein Postwesen übernehmen zu lassen. Daraufhin wies der Kurfürst nicht nur die Avancen der Konkurrenz zurück, sondern sperrte auch seine Straßen für deren Postkutschenverbindung zwischen Hamburg und Nürnberg. Herzog August von Braunschweig überzeugte er, es ihm gleichzutun.

Die Auseinandersetzung ging weiter. 1659 überzeugte der Graf von Thurn und Taxis den frischgewählten Kaiser Leopold, dem Kurfürsten zu schreiben und ihn anzuweisen, »seine Posten aufzuheben und die Reichsposten in seinen Staaten zuzulassen«. Der Kurfürst antwortete, der Brief des Kaisers habe geschlagene vier Monate bis zu ihm gebraucht – wohl ein scharfer Seitenhieb gegen das kaiserliche Kommunikationswesen. Dann erging er sich in einer langen Reihe diffiziler juristischer Argumentationen, die, so Stephan, großes Aufsehen erregten und zum Vorbild für andere Reichsstände in ähnlichen Disputen über das Postwesen mit dem Kaiser und von Thurn und Taxis wurde.

Die Argumente des Kurfürsten waren so überzeugend, dass der Kaiser nur antworten konnte, er habe nicht »von Ihren Regalien das geringste zu entziehen gemeinet«. Vielmehr bat er den Kurfürsten jetzt, die Angelegenheit auf sich beruhen zu lassen und nicht auch noch die anderen Reichsstände zu ermutigen, es ihm gleichzutun. Doch es war zu spät, denn der Kurfürst schloss sich mit Sachsen, Braunschweig-Lüneburg, Hessen und anderen Reichsständen zusammen und überzeugte letztlich den Kaiser, seine Bemühungen um die Auflösung ihrer Postverwaltungen aufzugeben.

Die Familie von Thurn und Taxis gab schließlich ihren Anspruch auf, doch sie bedrängte weiterhin andere Postverwaltungen, worauf mehr und mehr Herrscher sich in den Konflikt einschalteten. Die ganze verfahrene Situation endete erst 1867, als – Ironie der Geschichte! – ausgerechnet Preußen die Thurn-und-Taxis'sche Post übernahm und ein einheitliches deutsches Postwesen vorschlug. Hinter diesem Plan steckte niemand anderes als Heinrich von Stephan, der dann auch 1878 zum ersten Generalpostmeister des Deutschen Reiches ernannt wurde.

Eine zersplitterte Stadt

Es gibt sicher wenige Städte in Deutschland, die so sichtbar die Narben der Geschichte tragen wie Magdeburg. Sie muss einmal eine wunderschöne Stadt gewesen sein. Die herrliche barocke Breite Straße, vor dem Zweiten Weltkrieg eine der längsten Einkaufsmeilen Europas, war im ganzen Land berühmt. Ein großer Teil dieser Straße sowie neunzig Prozent der Altstadt, fünfzehn Kirchen und vieles andere wurde von alliierten Bombern zerstört. Aus den Ruinen stiegen seelenlose Plattenbauten, ganz neue Viertel, durch überbreite Straßen voneinander getrennt. Seit der Wende wird vieles saniert, restauriert und neu gebaut. Die Stadt ist jetzt sicher wieder viel schöner, wirkt aber auf den erstmaligen Besucher dennoch kalt, zersplittert und etwas öde. Man möchte gerne herausfinden, wie die physische Metamorphose der Stadt sich auf ihren Geist und auf die Menschen in ihr ausgewirkt hat, aber die Zeit ist einfach zu kurz.

Die alte Reichsstraße 1 führte höchstwahrscheinlich durch die Stadtmitte, die heutige B 1 zieht sich durch den nördlichen Teil Magdeburgs, wo sie ein Stücklang Albert-Vater-Straße heißt. An einem Junitag des Jahres 1979 fuhr hier ein gutaussehender, dunkelhaariger Mann entlang, ein Kraftfahrzeug-Ingenieur aus Dresden auf Dienstreise, als ein großer brauner Wagen vor ihm zum Stehen kam. Ein Staatsbediensteter in Zivil stieg aus und forderte ihn auf: »Wir bitten Sie, zur Klärung eines Sachverhalts mitzukommen.« Damit war Eberhard Fätkenheuers vierjährige Karriere als Spion für die Amerikaner beendet.

Eberhard Fätkenheuer war kein Revolutionär und auch kein leidenschaftlicher Freiheitskämpfer. Sein Vater hatte ihm oft gesagt: »Junge, wir leben in keinem Rechtsstaat. Es hat keinen Sinn, sich aufzubäumen. Man kann die Sachen nicht verändern, wenn man sich als Einzelner verbraucht. Aber wenn die Situation so ist, dass man nicht weiterkann, dann – und er hat das Zitat Luthers benutzt –, dann sagst du: ›Hier stehe ich, ich kann nicht anders.‹«

Doch der junge Fätkenheuer hatte sich wundgerieben an dem bleiernen, von der SED aufgezwungenen Anpassungszwang, dem Lügen, dem ständigen Druck, aufzupassen, was man sagte, dem Gefühl, ständig beobachtet zu werden. Nach dem Mauerbau – er war damals siebzehn Jahre alt – ersann er eine ganze Reihe von tollkühnen Plänen, um in den Westen zu fliehen, keinen davon setzte er in die Tat um. Er hatte ein Studium der Mathematik und Physik begonnen, aber eine verrückte Wette, wegen der er einen politisch nicht opportunen Slogan in der Öffentlichkeit wiederholte, setzte seinem Studium ein Ende. Nur durch gewisses Strippenziehen seines Vaters konnte er sich wenigstens noch im Rahmen eines Fernstudiums zum KFZ-Ingenieur qualifizieren.

Kurz nach seinem Rauswurf aus der Universität besuchte er Prag und lernte dort über einen Freund in einer Bar einen Österreicher kennen, der sich, als er Eberhards Widerwillen gegen das Regime spürte, mit ihm anfreundete und ihn nach einiger Zeit fragte, ob er nicht für die Amerikaner spionieren wolle. Fätkenheuer fühlte sich tief geschmeichelt, für eine solche Aufgabe ausgewählt zu werden. Bereitwillig sagte er zu und wurde in einer konspirativen Wohnung in der Nähe vom Plattensee in der Kunst der Spionage und des Sendens und Empfangens verschlüsselter Botschaften unterwiesen.

Spion zu sein fand er spannend, romantisch. »Ich fühlte mich wie James Bond. Ich sah mich schon mit einer hübschen Frau in den Wald gehen, und während ich sie küsste, schaute ich ihr über die Schulter und zählte dahinter die sowjetischen Raketen. Genau das passierte auch in Wirklichkeit. Es war aufregend, dass die Amerikaner mir über Kurzwelle verschlüsselte Botschaften übermittelten.« Er hatte keine Vorstellung, in welcher Gefahr er schwebte. Er verließ sich auf das Versprechen der Amerikaner, dass, sollte er je gefasst werden, sie ihn rausholen würden.

Seine Berichte über sowjetische Anlagen, Truppenbewegungen und Ähnliches schickte er in Geheimschrift brieflich zu angeblichen Verwandten nach München. Er ahnte nicht, dass die Stasi in jedem Postamt ihre Leute hatte, die so gut wie jeden Brief in den Westen öffneten, und auch nicht, dass sie die Adressen überprüften und herausfanden, dass die angeblichen Verwandten nicht existierten (die Postsendungen wurden vom Postamt München an die CIA weitergeleitet). Oder dass die Stasi, nachdem er in einem Brief erwähnt hatte, er sei in Ungarn gewesen, alle »Reiseanlagen für den visafreien Reiseverkehr«, die für Ungarn erteilt worden waren, überprüfte und so lange die Handschriften untersuchte, bis sie seine identifizierte. Und so war er, als der Wagen ihn in Magdeburg anhielt, völlig fassungslos.

In der örtlichen Bezirksdienststelle der Stasi, in die er zunächst gebracht wurde, hieß es warten. Etwa zwei Stunden lang. Niemand sprach mit ihm ein Wort. Dann standen plötzlich zwei PKWs aus Berlin in dem abgeriegelten Innenhof. Sie brachten ihn in eine See-Villa am Randgebiet von Berlin. Nach einer Nacht pausenloser Vernehmungen fuhren sie mit ihm am Morgen wieder ab – dieses Mal mit Handschellen, die am Auto festgekettet waren, und mit einer dunklen Brille vor den Augen, damit er kaum sehen konnte –, in das berüchtigte Gefängnis Hohenschönhausen. Wir werden ihm wieder begegnen.

KAPITEL 5

Eine Furt an der Elbe

Oder beginnt der Osten hier? Noch bis vor etwa tausend Jahren trennte dieser breite und mächtige Fluss die germanischen Völker von ihren slawischen Nachbarn und lange Zeit auch die christliche Welt vom Heidentum. Die Stadt Magdeburg war einst der östlichste Vorposten des Heiligen Römischen Reiches und ein wichtiger Ausgangspunkt für Kolonisten und christliche Missionare auf ihrem Weg nach Osten.

Hier, unterhalb der steinigen Höhen, auf denen heute der Dom steht, teilt sich die Elbe in mehrere Arme auf und strömt sanft über Sandbänke und Wiesen. Seit Urzeiten konnten an dieser Stelle die Menschen problemlos den Fluss durchwaten. Im Mittelalter legten sie einen Weg aus Holzbohlen durch das sumpfige Land, und im 14. Jahrhundert bauten sie die ersten Brücken. So wurde die einzige Furt im Mittellauf des Flusses von Kaufleuten und Reisenden von West nach Ost und Ost nach West genutzt, jener Strecke, die schließlich zur R 1 wurde. Und weil diese hier auf die Schifffahrts- und Handelsroute von Nord nach Süd, die Elbe, traf, entstand an dieser Stelle ein Hafen und eine blühende Händlergemeinschaft. Auch viele jüdische Händler lebten hier, deren Tätigkeit für das Wachstum der Stadt und des Hafens entscheidend war.

Otto I., genannt der Große, der 935 in Aachen zum König (und später in Rom zum Kaiser) gekrönt wurde, betrachtete es als eine seiner Lebensaufgaben, die slawischen Völker jenseits der Elbe zu unterwerfen und ihnen das Christentum zu bringen. Deshalb gründete er hier ein Erzbistum, versah es mit großzügigen Mitteln und errichtete zudem im Osten fünf weitere dem Erzbischof in Magdeburg unterstellte Bistümer, darunter das von Brandenburg inklusive der dazugehörigen Kathedrale. Schon bald durchquerten nicht nur Händler die Furt, sondern immer mehr Missionare, Ritter und Soldaten. Unter ihnen könnten auch Winfried von Kniprode und andere Ordensritter gewesen sein, die mit ihrem Tross von Elsen losgezogen waren, die heidnischen Prussen und Litauer zu »bekehren«, nicht selten mit Feuer und Schwert. Vielleicht setzten hier auch die Kinder von Hameln mit ihrem buntgekleideten »Lokator« über auf ihrem Weg in eine neue Welt. Ottos Vorstellungen, wie die Heiden zu bekehren seien, waren ziemlich rabiat und führten zu vielen Aufständen und noch mehr Blutvergießen. Eine erfolgreichere Missionarsarbeit begann erst später. Schließlich wurden doch große Landstriche im Osten überwiegend christlich und deutschsprachig.

Wann immer jedoch der Zug von Konrad Adenauer, Mitglied des Preußischen Herrenhauses und späterer Präsident des Preußischen Staatsrats, bei seinen häufigen Reisen nach Berlin über die Elbe fuhr, zog dieser die Jalousien seiner Schlafwagenkabine herunter und murmelte: »Hier beginnt Asien.« So jedenfalls die Überlieferung. Der langjährige Oberbürgermeister von Köln und spätere erste Kanzler der Bundesrepublik hatte schon früh die protestantische, preußische Fremdherrschaft in seinem geliebten Rheinland verabscheut und war bereits 1919 für die Bildung einer Westdeutschen Republik innerhalb des Reiches eingetreten, in dem »der böse Geist Europas«, wie er die Preußen nannte, keinen Einfluss mehr haben sollte. Der Osten, wo seiner Ansicht nach der »Geist des Ostens«, nämlich Militarismus und Junkertum, vorherrschten, war nicht gerade seine Lieblingsregion in Deutschland. Adenauer war in dieser Beziehung natürlich ein Extremfall, aber Tatsache bleibt, dass die Gebiete östlich der Elbe erst viel später deutsch wurden als jene westlich davon, und dass sie, wie bereits gesehen, von unterschiedlichen historischen Erfahrungen geprägt waren.

Otto der Große liegt in der auf seine Weisung hin errichteten Kathedrale, dem Dom zu Magdeburg, begraben, in einem schlichten alten Marmorsarkophag vor dem Hochaltar. In eben dieser Kirche findet sich ein anderes Objekt, das heutzutage geradezu deplatziert wirkt inmitten all der Zeichen christlicher Verehrung. Es ist eine »Judensau«, eine obszöne Skulptur, die Juden darstellt, wie sie an den Zitzen eines riesigen Schweines saugen, und Teil des Kapitells eines bemalten Halbpfeilers in der Südwestecke einer Seitenkapelle, der Ernstkapelle. Dieses Relief aus dem späten 13. Jahrhundert, eines von mehreren ähnlichen in deutschen Kathedralen und mittelalterlichen Gebäuden, zeigt drastisch, wie die mittelalterliche Kirche (und damit also die Gläubigen jener Zeit) den Juden gegenüber eingestellt waren. Während sich die Grundlagen des Antisemitismus mit der Zeit veränderten, ist hier doch ein frühes Symbol der Feindseligkeiten zu sehen, die im Mord an Oskar Levy aus Coppenbrügge und Millionen anderer europäischer Juden ihren furchtbaren Höhepunkt erreichen sollten. Nur wenige Meter von der »Judensau« entfernt liegt der Erzbischof Ernst von Sachsen begraben, der 1493 die Juden aus Magdeburg vertreiben ließ. Über zweihundert Jahre lang blieben sie danach aus der Stadt verbannt.

Seit Jahren gibt es in Deutschland eine heftige Debatte darüber, ob die Judensau-Figuren – die es auch in anderen Kirchen gibt – erhalten bleiben sollen. Während Denkmalschützer und Historiker dafür plädieren, die Figuren zu bewahren und in ihren zeitgenössischen Kontext einzuordnen, sehen andere im Erhalt der Figuren eine mangelnde Sensibilität im Umgang mit dem Antisemitismus in Deutschland.

Kurz hinter Magdeburg wendet sich die »1« nach Norden, langsam verändert sich dabei die Landschaft. Die Böden werden weniger fruchtbar, man sieht immer mehr Fichten und Kiefern, schließlich Wälder und Seen. Die Namen der Ortschaften klingen anders, viele enden nun auf »-ow« und »-itz«. Jetzt hat man wirklich das Gefühl, dass man im Osten unterwegs ist. Wir befinden uns in der herben Landschaft Brandenburgs, dem einstigen Kernland von Preußen. Adenauer mag diese Landschaft gehasst haben, ich selbst finde sie in ihrer Melancholie tief beeindruckend.

Eine christliche Stadt?

Brandenburg an der Havel, so ist in einer Broschüre des Fremdenverkehrsamtes zu lesen, wurde vor der Zerstörung bewahrt, weil die DDR für die Umsetzung des Plans, die Stadt in einen Triumph der sozialistischen Architektur zu verwandeln, kein Geld hatte. Heute sind Restaurierungsarbeiten in vollem Gange, insbesondere auf der reizvollen Dominsel, und nach Jahrzehnten der Verwahrlosung kommt vieles der früheren Schönheit allmählich wieder zum Vorschein.

Die Stadt Brandenburg war unter Otto I. ein wichtiger Vorposten, um den Siegeszug des Christentums gen Osten anzutreten. Während des Aufstands der Slawen im Jahre 983 eroberten diese jedoch die Stadt zurück, und erst eineinhalb Jahrhunderte später konnten Mönche und Priester sich daranmachen, die örtliche Bevölkerung mit überzeugenderen Methoden erneut zu missionieren.

Ich erreichte Brandenburg an einem warmen und regnerischen Sommerabend. Im Dom gab es ein Konzert, Orgel und Panflöte – eine außerordentlich schöne Kombination. Die mächtige Tonfülle der Wagner-Orgel und die süßen, luftigen Töne der Panflöte stiegen hoch in das rote Kreuzrippengewölbe des Kirchendachs. Buxtehude, Bach – das ist Deutschlands Bestes, dachte ich. Die

Musik ist sein größtes Geschenk an die Welt, ganz besonders diese so tief im christlichen Glauben verwurzelten Klänge.

Es war dann nicht der bröckelnde Putz und der allgemein etwas heruntergekommene Eindruck, der mich nachdenklich machte. Auch nicht die vielen grauen und weißen Köpfe der Zuhörer, die in den Bänken vor mir saßen, denn überall machen Senioren einen Großteil der Konzertbesucher aus. Irgendwo draußen hatte ich ein Werbeplakat gesehen für Tonbandführungen durch das »christliche Brandenburg«. Das klang schon etwas sonderbar, etwa so wie die Ankündigung einer Besichtigungstour durch das »deutsche Berlin«. Sollte es nicht selbstverständlich sein, dass eine alte Domstadt wie Brandenburg/Havel per Definition christlich ist, ebenso wie andere Domstädte, zum Beispiel Chartres, Salisbury oder Padua, automatisch als christlich angesehen werden? Es ist nichts Neues, dass Religionsausübung und Gottesdienstbesuche überall in Westeuropa dramatisch zurückgehen, auch in Westdeutschland, und dass es beispielsweise in Großbritannien heute mehr praktizierende Muslime als praktizierende Anglikaner gibt. Dennoch existiert in Großbritannien ein Bewusstsein für die Tradition. Die Website der Diözese Winchester in England vermeldet, dass die Kirche »überall dort beteiligt ist, wo Sie das auch erwarten, doch erheblich mehr noch hinter den Kulissen wirkt«. Die Autoren der Seite gehen, wahrscheinlich völlig zu Recht, davon aus, dass der Durchschnitts-Brite immer noch weiß, was er von einer anglikanischen Diözese »zu erwarten hat«. Die Website des Doms von Brandenburg dagegen vermittelt den Eindruck, dass das Gebäude heute, obwohl es offiziell noch als Gottesdienstort gilt, eher ein Aufbewahrungsort für religiöse Kunstschätze und Veranstaltungsort für Konzerte ist. Nur ein einziger Menüpunkt führt zu einer Liste von Gottesdiensten, von denen die meisten nicht im Dom, sondern im Winterrefektorium des Domstifts stattfinden. Brandenburg gehört heute zur Evangelischen Kirche Berlin-Brandenburg-schlesische Oberlausitz (EKBO), deren Hauptsitz sich in Berlin befindet. Ein Blick auf deren Website ebenso wie die des katholischen Erzbistums Berlin macht deutlich, dass das Christentum im Osten Deutschlands heute ungefähr wieder auf dem Verbreitungsniveau angekommen ist, wo es zu Zeiten Ottos des Großen war. Nachlesen kann man Informationen über Eintritt oder Wiedereintritt in die Kirchen und was »Taufe« bedeutet.

»Wir leben in einer der am stärksten säkularisierten Gegenden der Welt«, erklärt Pastor Carsten Schwarz, der zuständige Pfarrer für die missionarischen Dienste der Landeskirche. Nur etwa 21 Prozent der Bevölkerung in Brandenburg sind Mitglieder der Evangelischen Kirche (der Anteil der Katholiken dort ist noch viel geringer). Bis zu 58 Prozent sind es in westlichen Regionen mit einer langen protestantischen Tradition, wie zum Beispiel Niedersachsen und Schleswig-Holstein.

Diese Entwicklung in Brandenburg und den neuen Bundesländern überhaupt ist nicht allein Folge der letzten Jahrzehnte, sondern des letzten Jahrhunderts. Sie hat spätestens mit der Politik der Nationalsozialisten begonnen, so Schwarz, die das Christentum durch ihre eigene Ideologie ersetzen und die Kirchen instrumentalisieren wollten. Bevor die Kirchen sich wieder erholen konnten, wurde dann der Marxismus-Leninismus zur Staatsdoktrin erhoben. Christen gerieten unter großen Druck, ihre Kirchen zu verlassen – was sehr viele auch taten –, und mussten mit starken Diskriminierungen rechnen, falls sie sich weigerten. Die christliche Lehre wurde aggressiv angegriffen als abergläubisch, unwissenschaftlich, irrational und dumm. »Das wurde den Leuten regelrecht eingeimpft. Und es hat sich tief im Unterbewusstsein verankert, wo es bei allen äußerlichen Veränderungen auch nach der Wende weiterhin festsitzt. Es ist zu keiner Renaissance religiöser Gefühle gekommen, die meisten Ostdeutschen sind nach drei bis vier Generationen rein materialistischer Erziehung ›religiös unmusikalisch‹.«

Denkt man jetzt nicht gleich an die Gottesdienste und Gebete in Leipzig und Berlin in den letzten Tagen der DDR, als Regime-Gegner auf Veränderung drängten? Die brechend vollen Kirchen, die Kerzen, nervös rauchende Zivilpolizisten, die doppeldeutigen Aussagen der Gebetstexte, die Schauergefühle, die nicht von der Kälte kamen? Vor allem die evangelische Kirche hat lange ihre schützende Hand über die Bürgerrechtsbewegung gehalten – ihre einstige Unterwürfigkeit unter die Nationalsozialisten kompensierend.

Mit dem Fall der Mauer schwand diese Rolle der Kirche und der Dissidenten jedoch rasch wieder, wenig blieb. Man hatte Zuflucht, aber keinen Glauben gefunden. Das schützende Dach der Kirche wurde nicht mehr gebraucht, sagt Pfarrer Schwarz. Im Zeitraum zwischen 1989 und 1994 traten zwar 67 000 ehemalige DDR-Bürger wieder in die Kirche ein, eine Massenrückkehr der zwölf Million Konfessionslosen gab es aber nicht.

Und so kommt es, dass achthundert Jahre, nachdem deutsche Herrscher, Mönche und Kolonisten das Christentum hierher gebracht haben, diese Region erneut ein Missionsgebiet ist. Christen müssen die Botschaft Jesu zu Menschen bringen, die zum großen Teil noch nie davon gehört oder sogar Vorbehalte gegen sie haben. Es gehört zu Pastor Schwarz' Aufgaben, Kirchengemeinden zu beraten, wie sie als Christen die christliche Botschaft verbreiten können. Das ist nicht einfach. Die Mehrheit der noch praktizierenden Christen ist alt. Außerdem, so erklärt er, neigen die Kirchengemeinden nach Jahrzehnten des Überlebens in einer feindseligen Umgebung dazu, sich abzuschotten und zurückzuziehen. Untersuchungen haben aber gezeigt, dass genau die Offenheit der einzelnen Christen für Menschen in ihrem Umfeld unbedingt wichtig ist, wenn man sie mit dem Evangelium erreichen will. Außenstehende lassen sich viel eher durch das Vorbild von Christen, durch Kontakte und Beziehungen in ihrem Bekanntenkreis für den christlichen Glauben interessieren als durch Bekehrungspredigten. »Es fällt vielen Christen in diesen Gemeinden aber schwer, sich zu öffnen, jemanden einzuladen und sich auf diese neuen Gäste einzulassen. Viele Gemeindemitglieder haben schmerzliche Erfahrungen mit eben diesen Außenstehenden gemacht. Sie und ihre Kinder wurden bespitzelt, denunziert und benachteiligt. Gerade diesen fällt es besonders schwer zu vergeben und auf diejenigen zuzugehen, von denen sie einst verfolgt wurden.«

Pfarrer Schwarz lässt sich nicht durch das Ausmaß der Aufgabe abschrecken. Es gibt schon erfreuliche Aufbrüche und Erfahrungen in einigen Gemeinden. Und das Ganze ist »eine große Herausforderung für die Kirche auch siebzehn Jahre nach der Wende. Es ist kein leichter, aber ein notwendiger und lohnender Weg, auf dem wir mit Gottes Hilfe und Wirken rechnen können.« Und hoffentlich auch auf die Hilfe der Christen in anderen Ländern und Regionen, »denn unterstützenswerte Missionsfelder sind nicht nur in der dritten Welt zu finden«.

Eine Brücke zwischen den Zeiten

Etwa fünf Kilometer vor Potsdam führt die Straße leicht abschüssig aus einem Wald auf eine moderne Brücke zu. Sie geht über die enge Stelle eines Sees, der auf der Karte als Schwielowsee eingezeichnet ist. Tatsächlich ist der See ein Teil der Havel, die sich hier über dieses sumpfige Gebiet ausbreitet und eine große Zahl flacher Seen bildet. Ein schnell vorbeibrausender Autofahrer wird die attraktive Aussicht wohl nur kurz wahrnehmen und weiterfahren. Doch gleich hier rechts unten ist einer der faszinierendsten Stellen der alten Reichsstraße 1, man könnte sagen, ein Knotenpunkt, an dem zahllose Stränge der Geschichte zusammenkommen.

Der Havelübergang heißt Baumgartenbrücke, was aber wohl nichts mit Bäumen und Gärten zu tun hat, sondern vielmehr mit einer Burg Bomgard oder Bomgarde, die – so berichtet Fontane, der diesen Ort sehr mochte, in seinen »Wanderungen durch die Mark Brandenburg« – im 13. Jahrhundert hier gestanden hat. Fontane schrieb, Slawisten hielten den Namen für slawischen Ursprungs wie etwa den Ortsnamen Stargard; ich persönlich hätte vermutet, er beziehe sich einfach auf eine mit einem starken Zaun aus Holzpfählen, einer Palisade, umgebenen Verteidigungsanlage. Wie auch immer, lange vor Fontane, in der fernen Vergangenheit, gab es hier keine Brücke, sondern nur eine Furt, die einzige weit und breit. Damals war der Wasserstand der Havel viel niedriger als heute. Um eine feste Grundlage zu schaffen und durch den Fluss hindurch- oder mit Glück trockenen Fußes hinüberzugelangen, legten die Anwohner einen Übergang an – aus Pferdeschädeln! Das war eine brillante Lösung, denn große Steine wären bei Hochwasser fortgeschwemmt worden, doch dank ihrer Öffnungen konnten die Schädel sich im schlammigen Untergrund festsaugen und verankern, und so blieben sie über Jahrhunderte an ihrem Platz. Dies erklärt auch das kuriose Objekt, das auf der unteren Hälfte des Wappens der nahegelegenen Gemeinde Geltow zu sehen ist: ein Pferdeschädel.

Später, wahrscheinlich als der Wasserstand der Havel stieg, pendelte eine Fähre zwischen beiden Ufern. 1674 ließ Friedrich Wilhelm, der Große Kurfürst, die erste Brücke erbauen, eine Holzkonstruktion mit einer Zugbrücke, die angehoben werden konnte, um Segelschiffen mit hohen Masten die Durchfahrt zu ermöglichen. Diese Einrichtung, so erzählt Fontane lange Zeit später, erwies sich als praktische kleine Einkommensquelle für den preußischen Staat, der hier Zoll erheben konnte, und zwar sowohl für den Straßenverkehr als auch für die Schiffe, die unter der Brücke passierten. Die Brücke war Teil des Projekts des Großen Kurfürsten, die zukünftige Reichsstraße 1 als Heerstraße und Magistrale auszubauen, die Königsberg und Berlin mit den preußischen Besitzungen im Rheinland verbinden sollte. Diese Holzbrücke leistete, obwohl sie mehrmals repariert und neu gebaut werden musste, 235 Jahre gute Dienste, bevor sie 1910 durch eine eiserne Konstruktion ersetzt wurde.

Es gab einen Wachtposten, der Ausschau nach desertierenden Soldaten aus Potsdam hielt. Verzweifelte Mitglieder von Friedrich Wilhelms streng geführtem II. Königlichen Garderegiment, den »Langen Kerls«, versuchten häufig, über diesen Weg die nahegelegenen sächsischen Enklaven Kleistow, Kanin oder Busendorf zu erreichen. Wenn eine Desertion entdeckt wurde – etwa drei bis fünf Prozent der Soldaten versuchten es –, wurden die Kirchenglocken geläutet und die Landarbeiter wie alle anderen auch mussten alles stehen und liegen lassen und bei der Suche helfen. Die Brücke war das letzte Nadelöhr auf ihrem Fluchtweg und eine naheliegende Kontrollstelle, denn damals konnten Soldaten (wie die meisten Leute) nicht schwimmen. Wurden sie gefasst, mussten sie sich dem schrecklichen Spießrutenlaufen unterziehen, oder sie wurden sogar aufgehängt.

Im Jahre 1830 kam ein ehemaliger Langer Kerl hierher, allerdings legal. Es war Johann-Josef Herrmann, ein ehemaliger Grenadier im 15. Garderegiment, der gerade 5005 Taler bei einer Zwangsversteigerung gezahlt und damit das rote Ziegelhaus mit den Dachgauben erworben hatte, das gleich bei der Brücke stand und seit seinem Bau 1748 eine Gaststätte gewesen war. Johann-Josef hatte eindeutig mehr Erfolg damit als der Vorbesitzer, seine »Gaststätte zur Baumgartenbrücke« wurde zu einem beliebten

Ausflugsziel für Potsdamer und Berliner und hat sich bis heute im Familienbesitz gehalten.

Gegenwärtig wird das Gasthaus von der sechsten Generation der Herrmanns betrieben, von Frank Herrmann und seiner Frau Beatrice. Doch der Bewahrer der Familientradition ist immer noch Franks Vater Albrecht, 68 Jahre alt. Mit seinen 1,86 Metern Körpergröße gäbe er selbst gut einen Langen Kerl ab, ebenso wie sein Vater, Großvater und die anderen Vorfahren – obwohl er meint, die Herrmanns hätten immer gerne kleine Frauen geheiratet, sodass ihre Körpergröße im Laufe der Generationen abgenommen habe.

Auf dem Hügel hinter dem Haus, so erzählt Albrecht Herrmann, stand früher ein riesiger schöner Baum, genannt die Schill-Linde. Es war unter eben jener Linde, wo am 28. April 1809 der schneidige Major Ferdinand von Schill eine flammende Rede an die Männer seines Husarenregiments hielt, als sie hier am ersten Tag ihres kleinen, vermessenen Feldzugs zur Vertreibung Napoleons aus Deutschland ihr Biwak aufgeschlagen hatten. Schill war um vier Uhr nachmittags mit seinen Männern aus Potsdam ausgerückt, angeblich zu einem Manöver, und enthüllte erst hier den wahren Zweck der Aktion, der von den Soldaten mit großer Begeisterung aufgenommen wurde. Unter dieser Linde erhielt Schill wenig später dann auch den Befehl des Königs, in die Kaserne zurückzukehren, den er jedoch missachtete. Die Würfel waren gefallen, am nächsten Morgen machte er sich mit seinem Regiment weiter auf entlang der zukünftigen Reichsstraße 1, in ein Abenteuer, das, wie jeder weiß, in Stralsund ein tragisches Ende finden sollte. Dort kam es zur Schlacht, die nur wenige seiner Männer überleben sollten. Schills Kopf wurde dem Bruder Napoleons als Trophäe zugesandt.

Auch der Erfolg von Revolutionen hängt, wie so vieles andere, vom guten Timing ab, und Major von Schill war einfach ein paar

Jahre zu früh dran. Die Deutschen mussten sich noch einige Jahre länger von Napoleon demütigen lassen. Preußen musste weiterhin die Armee ihres gierigen französischen »Verbündeten« aushalten und versorgen, Napoleon erst noch in Russland einfallen und bitter besiegt zurückkommen, bevor die Befreiungskriege beginnen konnten. Preußen war die Ausgangsbasis für die Invasion Russlands, nach deren Scheitern zogen viele der Überlebenden von Napoleons *Grande Armée* wieder hindurch auf ihrem mühsamen Weg nach Hause.

Am 26. Februar 1813 schlurften etwa dreihundert französische Soldaten zerlumpt und hungrig entlang der zukünftigen Reichsstraße 1 und verschanzten sich auf dem Berg bei der Baumgartenbrücke. Herr Herrmann berichtet: »Die Geltower mussten ihnen täglich zehn Klafter* Brennholz liefern, die Franzosen verheizten zudem so manche Holzzäune und plünderten die Häuser. Außerdem fällten sie alle Bäume auf dem Berg. Am 28. Februar kamen dann noch 350 Mann mit zwei Kanonen dazu, die sich teils auf dem Gasthausgelände einquartierten, teils biwakierten. Die benachbarten Dörfer mussten täglich insgesamt 1760 Portionen Essen nach Baumgartenbrück liefern und waren bald mit ihren Vorräten am Ende.«

Glücklicherweise waren russische Truppen nicht weit – Russland war damals mit Preußen verbündet. Im März trafen sie in der Gegend ein, und die Franzosen flohen und verbrannten die Brücke hinter sich. Erst 1827 wurde sie wieder aufgebaut.

Ein paar Jahre später wurde eine Villa auf dem Hügel zum Heim eines Freiherrn Karl Hartwig Gregor von Meusebach, einem kultivierten und gebildeten Aristokraten, der mit prominenten zeitgenössischen Schriftstellern befreundet war und fast sein ganzes Vermögen zum Aufbau einer eindrucksvollen

---

* histor. Maßeinheit; 1 Klafter = zirka 3 Kubikmeter (regional unterschiedlich)

Bibliothek ausgegeben hatte. Eines Tages im Jahre 1840 erfuhr von Meusebach, dass Jacob Grimm, die große und einflussreiche Gestalt des literarischen Lebens in Deutschland, in der Postkutsche auf dem Weg nach Berlin saß. Jacob Grimm und sein Bruder Wilhelm waren drei Jahre zuvor aus Göttingen ausgewiesen worden, weil sie zusammen mit fünf anderen Professoren zum Protest gegen die Aufhebung der hannoverschen Verfassung durch König Ernst August aufgerufen hatten. Dem König war der Verfassungsentwurf zu liberal gewesen. Die Argumente der Göttinger Sieben waren ein wichtiger Meilenstein auf dem Weg zu einem liberalen Deutschland. Die Gebrüder Grimm waren von König Friedrich Wilhelm IV. nach Berlin eingeladen worden, wo sie Mitglieder der Akademie der Wissenschaften werden und Vorlesungen an der Universität abhalten sollten.

Freiherr von Meusebach beschloss, dem Manne müsse eine standesgemäße Begrüßung in Berlin zuteil und der Gast selbst davon überzeugt werden, die Meusebachsche Bibliothek zu besuchen. Herr Herrmann erzählt. »Er ließ sämtliche Zimmer unseres Hauses hell erleuchten, und als die Postkutsche heranfuhr, hielt er sie an und ließ sie nicht eher weiterfahren, bis Grimm ausstieg, mit ihm in dem Gasthaus zu Abend aß und die Nacht hier als Gast verbrachte. Am nächsten Morgen stiegen sie dann zur Villa hinauf und besichtigten die Bibliothek.« Grimm muss von den 36000 Bänden Meusebachs stark beeindruckt gewesen sein, insbesondere von den deutschen Büchern aus dem 16. und 17. Jahrhundert, denn sowohl er selbst als auch sein Bruder ebenso wie Hoffmann von Fallersleben, Karl Goedecke und andere national gesonnene Literaten seiner Zeit nutzten in der Folge die Bibliothek und betrachteten sie als Keimzelle einer zukünftigen Nationalbibliothek.

Und tatsächlich, als Freiherr von Meusebach starb, schrieb eine seiner Bekannten, die Schriftstellerin Bettina von Arnim, einen berühmt gewordenen Brief an den König mit der Bitte, die Meusebachschen Bücher zu kaufen, um sie für die Nachwelt zu bewahren. Der König ließ sich überzeugen, zahlte 14 700 Taler, und die Sammlung wurde zum Grundstock der heutigen Berliner Staatsbibliothek.

Die Baumgartenbrücke wurde zu einem Lieblingsmotiv für havelländische Maler und vor allem für Theodor Fontane, der sie in seinen »Wanderungen durch die Mark Brandenburg« als »stillen lauschigen Platz seltener Schönheit« beschreibt. Tatsächlich war er so verzaubert von der Szenerie und der Qualität des Werderschen Bieres, das man dort trinken konnte, dass er sich – abgesehen von seinem Verweis auf die Burg Bomgard – offensichtlich nur relativ wenig für ihre Geschichte interessiert hat.

1910 wurde die Holzbrücke durch eine modernere Konstruktion aus Eisen ersetzt, verziert mit Figuren von zwei Wildkatzen – die nach Meinung der Einheimischen eigentlich Fischotter darstellten – und zwei Jagdhunden. Diese Brücke wurde 1945 von der abziehenden deutschen Armee gesprengt, um den Vormarsch der Roten Armee zu verzögern. Während Albrecht Herrmann, damals acht Jahre alt, seine Mutter und seine Schwester sich im Keller verbargen, trafen die sowjetischen Truppen ein. Weil sie nicht weiterkamen, marodierten sie tagelang herum. Bei den Feiern zum 1. Mai und in Vorfreude auf den erwarteten Sieg brach unter den betrunkenen Soldaten das Chaos aus. Sie plünderten das Gasthaus und warfen das gesamte Mobiliar aus den Fenstern. Das einzige Möbelstück, das, wenn auch durch Gewehrkolbenstöße beschädigt, überlebte, war eine alte Anrichte.

Bei allen Verheerungen blieb noch ein bemerkenswertes Andenken erhalten. Ein russischer Offizier, der in einem Nachbarhaus einquartiert war, schrieb ein paar Zeilen auf Russisch in einen dicken Band mit Beethoven-Sonaten, der den Herrmanns gehörte:

In den Tagen des Großen Vaterländischen Krieges mit dem deutschen Faschismus.
Der Faschismus hat eine neue Ordnung in Europa gebracht und das bedeutete Vernichtung echter Kultur.
Die gesamte zivilisierte und demokratische Welt erhob sich zum Schutz der großen Schöpfungen der besten Geister der Menschlichkeit.
Dieses Banner, das unsere Vorfahren mitten aus der grausamen Reaktion und Barbarei erhoben, haben wir – die Nachkommen – in Ehren über einen dornigen Weg getragen.
Mögen die, deren Leben noch vor ihnen liegt und blühen wird in goldigen Sonnenstrahlen, daran denken und sich erinnern, dass wir oft vergessen haben, zu essen, dass wir mitunter nicht wussten, ob es Tag oder Nacht ist, dass wir mit einem Lied in den Tod gingen, damit ihr – die junge Generation – nicht mehr so etwas erlebt, was wir erlebt haben.

Unterzeichnet war der Text mit:

Offizier der russischen Roten Armee N. Gerassimow

Nach dem Krieg wurde die Eisenbrücke durch eine moderne, wenn auch nicht besonders ansehnliche Spannbetonbrücke ersetzt, die sich etwa in Höhe des Gasthofdachs über die Havel zieht und dabei den Blick auf den See nach einer Seite verschandelt. Doch das war nicht die größte Sorge der Herrmanns. Das kommunistische Regime setzte alles daran, privaten Gaststättenbesitzern das Leben so schwer wie möglich zu machen. Durch hohe Steuern und Behinderungen bei der Versorgung sollten sie zur Geschäftsaufgabe gezwungen werden. Tatsächlich gab Albrechts Mutter 1957 auf und machte den Betrieb dicht. Über dreißig Jahre lang blieb das Haus geschlossen, mit Ausnahme einiger Sommermonate, wo es als Kinderferienlager diente.

Unterdessen arbeitete Frau Herrmann in der Dorfbücherei in Geltow und merkte dabei bald, dass die junge Generation praktisch nichts mehr über die Lokalgeschichte wusste. Sie machte sich daran, so viele Informationen wie möglich zu sammeln – Andenken und Erinnerungen, Ansichten und Zeitungsausschnitte über die Baumgartenbrücke und die Region um Geltow – und schuf damit den Grundstock für das kleine Heimatmuseum, das sich heute in einem Raum über dem Restaurant befindet. Ihr Sohn Albrecht, der einzige männliche Spross der Herrmanns, der nie das Gasthaus betrieb (er wurde zu DDR-Zeiten Gartenbauingenieur), führt ihre Arbeit weiter.

Hier im Heimatmuseum kann man einen der Pferdeschädel bewundern, mit denen einst die Furt befestigt war; hier steht auch ein Stück der Schill-Linde, die leider nicht mehr erhalten ist. Alte, sepiabraune Schwarz-Weiß-Fotografien von Gästen und Ereignissen an der Baumgartenbrücke, Dokumente und Zeitzeugenberichte vervollständigen die verschiedenen Kapitel der Ortschronik.

Frank Herrmann eröffnete die Gaststätte 1990 neu, besonders im Sommer ist sie nun wieder ein beliebtes Ausflugsziel. Die Wende brachte noch eine weitere Veränderung: Die Wildkatzen – beziehungsweise Fischotter – sind an die Brücke zurückgekehrt. Die Geltower hatten die Figuren nach der Sprengung der Brücke 1945 jahrzehntelang für verschollen gehalten. Kurz vor dem Rückzug der sowjetischen Truppen aus Deutschland durfte dann zum ersten Mal überhaupt ein deutscher Kameramann die Kommandozentrale der Roten Armee im nahegelegenen Wünsdorf filmen. Und zu ihrer großen Überraschung entdeckten die Geltower in diesem Film ihre wilden Katzen.

Der Gemeinderat richtete einen Brief auf Russisch an den kommandierenden Offizier, General Matveij Burlakov. Wie sollte aber eine kleine Gemeinde, fast ein halbes Jahrhundert unterdrückt und ideologisch reglementiert, doch ebenso der Schuld der eigenen Nation bewusst, vom abziehenden Besatzer sein Eigentum zurückverlangen? Geltow löste das Problem mit folgenden Worten:

Sehr geehrter Herr General Burlakow!

Wir fühlen uns glücklich, erfahren zu haben, dass in Wünsdorf die Tiere sind, die bis zum Kriegsende unsere Baumgartenbrücke geziert haben.
Das kleine Dorf Geltow bei Potsdam mit seinen 2000 Einwohnern wünscht sich nichts sehnsüchtiger, als diese Figuren von Fischotter (wie Katze) und Jagdhunden wieder an ihrem alten Platz aufstellen zu können.
Unser Dorf hatte 1993 sein 1000-jähriges Jubiläum. Die Tradition unserer Heimat ist etwas Wichtiges, das uns verbindet, und die Bronzefiguren gehören dazu.
Die Figuren sind mit der Brückensprengung der Baumgartenbrücke durch die faschistische Wehrmacht untergegangen und seitdem für uns verschollen.
Die Rote Armee hat sie vor dem totalen Untergang bewahrt und in Wünsdorf aufgestellt. Für uns werden diese Figuren eine Erinnerung sein an die Befreiung vom Faschismus und das Ende des Krieges.
Sollte es mit Ihrer Hilfe, um die wir Sie recht herzlich bitten, dazu kommen, dass diese Tiere an dem Fluss Havel bei Baumgartenbrücke wieder aufgestellt werden können, so würden wir dies als eine stete Mahnung verstehen.
In diesem Sinne würden wir Sie gerne auch zu den Feierlichkeiten einladen, die die Rückkehr dieser Figuren in unserem Dorf auslösen würde.

Es bedarf nur Ihrer Zustimmung, und die Abholung wird durch unseren örtlichen Gewerbebetrieb, auch mit schwerer Technik, kurzfristig durchgeführt...
Für Ihre Hilfe wären wir sehr dankbar.

Letztlich waren noch längere Verhandlungen der Landesregierung notwendig, um die sowjetischen Militärs zu überzeugen, aber dann wurden die Wildkatzen doch übergeben und wieder an der Brücke aufgestellt. Sie trugen immer noch Einschusslöcher, die Narben des Krieges. Die Jagdhunde, die attraktiver als die Katzen aussahen, fehlen noch; wahrscheinlich befinden sie sich irgendwo in der früheren Sowjetunion.

Hinter dem Bretterzaun

Potsdam ist einfach bezaubernd, insbesondere seitdem so viele elegante Gebäude aus dem 18. Jahrhundert restauriert und neu gestrichen wurden. Viele Straßen sehen heute wieder mehr oder weniger so aus wie auf alten Postkarten und Drucken. Diese Schönheit macht es dem, der mit den Schrecken des modernen Krieges vertraut ist, schwer, sich in Erinnerung zu rufen, dass sich hier eine wichtige Garnisonstadt befand, ein Zentrum der preußischen Kriegsmaschinerie und Heimat der Truppen, die für die preußischen Könige riesige Gebiete Deutschlands kontrollierten.

Die Lindenstraße Nummer 54, ein rotes Haus im holländischen Stil, nur einen Steinwurf entfernt von der ehemaligen R 1, in einer dieser charmanten alten Seitenstraßen, schaut hübsch und ganz harmlos aus. Von außen würde man kaum vermuten, dass dieses Gebäude eine so schlimme Vergangenheit hat, dass es jetzt zu einem Museum geworden ist. Ursprünglich ein privates Haus, entstand hier 1817 ein preußisches Stadtgericht mit angeschlossenem Gefängnis. 1935 wurde daraus das berüchtigte Erbgesundheitsgericht der Nationalsozialisten und 1940 ein Ort, an dem ihre Opfer gefangengehalten und gefoltert wurden. In den Jahren nach dem Krieg war die Fassade halb verdeckt von einem Bretterzaun, wie es damals bei den meisten sowjetischen Liegenschaften im Osten Deutschlands üblich war. Eines Tages im Jahre 1952 fuhr ein großer BMW vor dem Haus vor und entlud seine menschliche Fracht durch eine kleine, schmale Tür im Zaun, die ein verstecktes Guckloch hatte.

Es handelte sich um Peer Lange, einen gutaussehenden 19-jährigen Studenten mit dunklem Haar, der am gleichen Morgen zu Hause im achtzig Kilometer nördlich von Berlin gelegenen Neuruppin verhaftet worden war. Lange wurde bald klar, dass das Gebäude eines der beiden Potsdamer Untersuchungsgefängnisse des sowjetischen Geheimdienstes war. Er wusste somit auch bald, dass er von nun an keinerlei Rechte mehr hatte; sein Schicksal lag vollständig in den Händen seiner Kerkermeister. Er wurde in eine Isolationszelle gesperrt, und es begannen »Untersuchungen« gegen ihn.

Peer Lange war in Lettland geboren, aber seine Familie hatte das Land als Folge des Hitler-Stalin-Paktes von 1939 verlassen müssen, nachdem die baltischen Staaten der sowjetischen »Interessenssphäre« zugeschlagen wurden, um den Krieg gegen Polen zu ermöglichen. 1942 erhielten sie eine Wohnung im heutigen Westpolen, 1945 flohen sie weiter nach Neuruppin.

Bei einem Besuch in West-Berlin 1948, als Lange noch Oberschüler war, wurde er von einem Bekannten von Bekannten angesprochen, ob nicht seine Mutter – eine Musiklehrerin mit einem russischen Elternteil, die russischen Offizieren Gesangsunterricht gab – bereit sei, Informationen an die Briten weiterzugeben. Weil er wusste, dass seine Mutter hierzu vom Temperament her nicht geeignet war, bot er selbst seine Hilfe an. Lange war damals überzeugt, dass ein Ost-West-Konflikt unvermeidlich sei und dass der Westen so gut wie möglich über die Vorgänge im Osten informiert sein sollte. Es war ihm schon klargeworden, dass jeder Versuch einer offenen Auflehnung gegen die sowjetische Besatzung kaum Wirkung haben könnte und ihn sein Leben kosten konnte.

Von seinen neuen westlichen Verbündeten wurde er weder vor den Risiken gewarnt noch auf kritische Situationen vorbereitet. Lange fuhr einfach auf seinem Fahrrad kreuz und quer durch Neuruppin, memorierte, was auf Straßen und Wegen an sowjetischem Militär zu sehen war, und erzählte dies einem »Herrn Eckermann« in einer Wohnung in der Mommsenstraße in West-Berlin. Damals war es noch möglich, sich frei zwischen der Sowjetischen Besatzungszone und West-Berlin hin- und herzubewegen.

Die Zeit verging, Lange begann ein Studium der Geschichte an der Humboldt-Universität in Ost-Berlin und entschloss sich irgendwann, ohne dass seine Mutter davon wusste, nach Kanada auszuwandern. Verwandte hatten ihm dort einen Job besorgt, und sein Einwanderungsantrag war angenommen worden. In zehn Tagen sollte er abreisen.

Lange wusste damals noch nicht, wie sie ihm auf die Schliche gekommen waren, aber er hatte schon bemerkt, dass die ostdeutsche Staatssicherheit sich für ihn interessierte. Er wusste, dass es äußerst gefährlich sein würde, nach Neuruppin zurückzukehren. Und doch musste er seiner Mutter erklären, dass er nach Kanada gehen wollte. Anrufen konnte er nicht; die Telefonanschlüsse wurden abgehört. Vier Stunden lang wanderte er verzweifelt durch West-Berlin und versuchte, eine verantwortliche Entscheidung zu finden. Schließlich entschied er sich, zur Mutter zu fahren und ihr alles zu erzählen, »auch wenn ich riskierte, meinen Kopf in die Schlinge zu stecken«.

So kehrte er zurück, und dann war tatsächlich um sechs Uhr in der Früh das gefürchtete Klopfen an der Tür zu vernehmen. »Ihr Sohn wird verhaftet wegen Spionage«, erklärte der Stasi-Mitarbeiter der ahnungslosen und entsetzten Mutter. Bevor sie losfuhren, bestand Lange noch auf warmer Kleidung. »Ich weiß, wie es in euren Kellern ist«, erklärte er den Männern. Im Hof der örtlichen Stasi-Villa wartete schon ein russischer Geheimdienst-Mann, Wodka-Geruch verströmend, auf den Fang. »Lange, was du machen?«, fragte ihn der Russe in gebrochenem Deutsch. »Nix machen«, antwortete Lange. Daraufhin brummte der Russe: »Straße lang – du gut nachdenken.« Dann wurde er nach Potsdam gebracht.

»Hinter dem Bretterzaun zu verschwinden bedeutete, in eine andere Welt zu entschwinden – eine Welt ohne Rechte und Gerechtigkeit«, erinnerte er sich später. Einige Häftlinge waren sich dessen bewusst, andere nicht. Langes Vater hatte fünf Jahre als Kriegsgefangener in der Sowjetunion verbracht und war zu fünfundzwanzig Jahren Zwangsarbeit verurteilt worden. Nach seiner vorzeitigen Entlassung nach Westdeutschland 1950 hatte er Peer Überlebenstechniken beigebracht, für den Fall, dass dieser sie je brauchen würde.

Das hat ihm womöglich das Leben gerettet. In der Lindenstraße und später in einem anderen Gefängnis in Berlin, das er nie mit Sicherheit identifizieren konnte, versuchte man, ihn und seine Mitgefangenen zu brechen. »Wir durften nicht schlafen. Sie versuchten alle möglichen psychologischen Tricks. Nach drei Tagen brach ein Freund von mir zusammen, gestand alles und wurde ›umgedreht‹, das heißt zur Gegenspionage für die Russen verpflichtet. Doch mein Vater hatte mir gesagt: ›Wenn du je in einer solchen Situation bist, darfst du niemals etwas zugeben, auch wenn sie dich totschlagen.‹«

Und so leugnete Lange beharrlich alles und wandte alle Tricks an, an die er sich erinnerte, um die Untersuchung zu sabotieren und zu verschleppen. Er verlangte Vorschriften zu sehen, und weil er gut Russisch sprach, bestand er auf Veränderungen in den Protokoll-Übersetzungen und darauf, dass man ihm das sowjetische Strafgesetzbuch zeige. Er versuchte, falsche Spuren zu legen. Von seinem Vater wusste er auch, dass einer seiner schlimmsten Feinde die Gefängnislethargie war, und er versuchte, sich körperlich und geistig so fit wie möglich zu halten.

Weder er noch seine Mitgefangenen durften Kontakt zu ihren Familien haben. Überflüssig zu erwähnen, dass sie auch keine Verteidiger hatten. Schließlich wurde Peer Lange nochmals in ein anderes Gefängnis verlegt, um dort seinen Prozess zu erwarten. Hiervon später mehr.

Eine Brücke zwischen zwei Welten

Ungefähr um die gleiche Zeit, als er die Baumgartenbrücke bauen ließ, gab der Große Kurfürst Friedrich Wilhelm II. noch weitere Brücken in Auftrag, darunter auch die, über welche die ehemalige R 1 führt, wenn sie Potsdam in Richtung Berlin verlässt. Bis dahin gab es keinen Grund, das winzige Nest Klein-Glienicke mit dem immer noch unbedeutenden Städtchen Potsdam zu verbinden. Doch 1660 begann der Große Kurfürst, das Potsdamer Stadtschloss als Zweitresidenz für seine Familie zu bauen, und es schien sinnvoll, Potsdam durch eine Brücke über die Havel und eine eigene Straße mit Berlin zu verbinden. Die erste Glienicker Brücke war wie die Baumgartenbrücke aus Holz. Die zweite, erbaut 1777, bestand ebenfalls aus Holz, konnte aber im Mittelteil hochgezogen werden, um Schiffe passieren zu lassen. Der Verkehr zwischen den beiden preußischen Residenzstädten nahm rasch zu, und so wurde eine tägliche Postkutschenverbindung eingerichtet – die sogenannte *Journalière*. Nun befand König Friedrich Wilhelm II., es sei an der Zeit, die Straße Berlin–Potsdam in eine prachtvolle Chaussee zu verwandeln, insbesondere weil er dann andere Reisende, ausgenommen Mitglieder des Hofes, für deren Benutzung zahlen lassen konnte.

Spätestens in den 1830er Jahren war die Brücke erneut dem Verkehr nicht mehr gewachsen, und man gab eine neue in Auftrag – beim Staatsarchitekten Karl-Friedrich Schinkel, dem Schöpfer so vieler großartiger preußischer Bauwerke. Seine Brücke, eröffnet 1834, war nun aus Stein, mit elf Bögen, deren mittlerer als Zugbrücke gestaltet war, um Schiffe durchzulassen.

Etwa achtzig Jahre später hatte sich die Bevölkerung Berlins verdoppelt, und sowohl der Straßenverkehr entlang der zukünftigen Reichsstraße 1 als auch der Schiffsverkehr unter der Brücke hatte solche Ausmaße angenommen, dass schon wieder eine neue Brücke notwendig wurde und die Schinkelsche geopfert werden musste. So wurde am 16. November 1907 ganz ohne Eröffnungszeremonie eine neue Stahlbrücke dem Verkehr übergeben, hoch und breit genug, um drei Schiffe nebeneinander passieren zu lassen. Dreizehn Jahre später lag dann plötzlich, mit dem Zusammenschluss von Groß-Berlin aus zahlreichen kleineren Gemeinden und Gutsbezirken, genau in der Mitte dieser Glienicker Brücke die Stadtgrenze von Berlin.

Bis zum Zweiten Weltkrieg verband man die Ortsnamen dieses ganz besonders attraktiven Teils von Preußen vor allem mit Ästhetik und Vergnügen. Auch heute ist die Region bekannt als Kulturlandschaft Potsdam–Berlin und Teil des UNESCO-Weltkulturerbes. Doch für einige Generationen des 20. Jahrhunderts klingt bei vielen Namen immer noch ein furchteinflößender Unterton mit, den zu verlieren es vielleicht noch mancher Jahre bedarf. Für sie verbindet sich zum Beispiel der Name Dreilinden nicht spontan mit dem gleichnamigen schönen Jagdschlösschen, das 1955 abgerissen wurde, sondern mit dem schreckenerregenden Grenzübergang am anderen Ende der Autobahnstrecke von Marienborn, wo die Autofahrer noch einmal die ostdeutschen Kontrollen erdulden mussten, bevor sie nach West-Berlin fahren durften. Und Glienicke stand weniger für das Glienicker Schloss und das Jagdschloss mit ihren von Peter Lenné und Fürst von Pückler-Muskau entworfenen Gärten, sondern für die Glienicker Brücke und ihre gespenstische Rolle im Kalten Krieg.

Die Berliner Stadtgrenze auf der Mitte der Glienicker Brücke wurde zur Grenze zwischen Ost und West, an dieser Stelle wurde die alte Reichsstraße 1 abermals durch die Teilung Europas zerschnitten. Hier gab es immerhin keinen Stacheldraht oder Wachttürme, sondern nur Wachtposten an jedem Ende und ein DDR-Wappen, das oben an dem mittleren Brückenbogen befestigt war. Mit wenigen Ausnahmen hatten gewöhnliche Personen keinen Zutritt. Nur offizielle Fahrzeuge der vier alliierten Militärmissionen, später auch Diplomaten, durften passieren.

Und niemand durfte die Brücke zu Fuß überqueren – ausgenommen einige ganz besondere Ost-West-Grenzgänger. Zum ersten Mal in den Mittelpunkt der Weltgeschichte rückte die Glienicker Brücke im Februar 1962, als der sowjetische Topspion Rudolf Ivanovitsch Abel, der in den USA festgenommen worden war, gegen Gary Powers, den Piloten des amerikanischen U2-Spionageflugzeuges, der über der Sowjetunion abgeschossen worden war, ausgetauscht wurde. Die letzten Passanten zu Zeiten des Kalten Krieges waren vier westliche und vier östliche Agenten sowie – getrennt von ihnen, weil die Amerikaner deutlich machen wollten, dass er kein Spion war – Anatoli (später

Nathan) Schtscharanskij, der sowjetische Dissident und Menschenrechtsaktivist, der aufgrund falscher Anschuldigungen im Gefängnis gesessen hatte.

Ein Jahr zuvor ging es weniger hochkarätig zu. Am Morgen des 11. Juni 1985 saßen dreiundzwanzig Männer und eine Frau in einem Bus auf der DDR-Seite der Brücke, besorgt und ungewiss, was jetzt mit ihnen geschehen würde. Sie alle waren wegen Spionage für den Westen verurteilt worden. Einer von ihnen war Eberhard Fätkenheuer, dem wir schon begegneten, als er in der Albert-Vater-Straße in Magdeburg verhaftet worden war. Stasifahrzeuge warteten ebenfalls an der Brücke. Dann fuhr ein weiterer Wagen vor mit Wolfgang Vogel, dem bekannten ostdeutschen Rechtsanwalt, der den Austausch von Agenten aushandelte, und den US-Diplomaten Richard Burt und John Kornblum. Sie alle bestiegen den Bus. Fätkenheuer hörte Vogel etwas sagen, dann sprach Kornblum: »Alle, die jetzt hier drin sind, egal, was sie früher gesagt haben, können jetzt entscheiden, ob sie mit diesem Bus in den Westen fahren wollen oder im Osten bleiben. Ich selbst bleibe hier im Bus und steige nicht mehr aus, ich gehe jetzt mit rüber.«

Fätkenheuer hatte ursprünglich im Osten bleiben und zu seiner Frau und dem kleinen Sohn zurückkehren wollen, doch während seiner Inhaftierung hatte ihn ein anderer ehemaliger Spion überzeugt, dass es besser wäre, in den Westen zu gehen.

Vogel ging durch den Bus und verteilte Ausreiseerlaubnisse, genauer, Urkunden zur »Entlassung aus der DDR-Staatsbürgerschaft«. Fätkenheuer fragte: »Herr Vogel, was wissen Sie von meiner Frau?« Die Antwort war für ihn ein Schock: »Ihre Frau lebt jetzt mit einem anderen Mann zusammen.«

»Woher wissen Sie das?«

»Das haben mir die Sicherheitsorgane mitgeteilt.«

Fätkenheuer war wie vor den Kopf geschlagen. »Kann ich jetzt sofort mit meiner Frau telefonieren? Ich habe die Nummer im

Kopf.« Zusammen mit Kornblum und Burt stieg er aus dem Bus aus. Beide erklärten ihm, dass er gemäß eines Abkommens mit der ostdeutschen Regierung das Recht hätte, wenn er in den Westen ginge, seine Frau und nahe Angehörige nachkommen zu lassen, falls diese das wünschten. Und falls er sich zur Rückkehr in die DDR entschlösse, könne er das ohne Schaden für seine Person auch tun. Darauf stieg Fätkenheuer wieder in den Bus, und als dieser sich in Bewegung setzte, erfassten die westlichen Fernsehkameras – erstmals bei einem Agentenaustausch dabei – sein verzweifeltes und tränenüberströmtes Gesicht, als der Bus hinüberfuhr nach West-Berlin. Die Glienicker Brücke war in mehr als einer Hinsicht ein Wendepunkt in seinem Leben.

Vogel hatte Frau Fätkenheuer erklärt, dass sie in Ostdeutschland keine Zukunft habe, und so verließ sie ihren neuen Partner wieder und willigte ein, zu ihrem Mann zu ziehen. Doch obwohl sie nun wieder vereint waren, nahm die Geschichte für Eberhard Fätkenheuer zunächst kein gutes Ende.

Während der gesamten sechs Jahre seiner Zuchthausstrafe hatte er wider alle Vernunft immer gehofft, es möge irgendetwas passieren und er könnte freikommen. »Ich hatte mit all meiner Kraft durchgehalten, aber dort auf der Glienicker Brücke ist alles zusammengebrochen«, erzählte er mir. »Ich hatte Ängste, Existenzängste, Ängste, wie es weitergeht, Ängste, dass ich verfolgt werden könnte, Ängste, dass ich keine Arbeit bekomme, dass ich beruflich scheitere, Ängste vor Prüfungen, vor Fehlentscheidungen. Ich konnte nachts nicht schlafen, bin sehr abgemagert.« Die erste Stelle, auf die er sich bewarb, bekam er auch, aber das half ihm nicht viel. Aufgrund der Gehirnwäsche der kommunistischen Propaganda hatte er panische Angst vor dem Kapitalismus, davor, »erpresst und überrumpelt zu werden«. Er fühlte sich von dem westlichen Wirtschaftssystem überfordert, der Notwendigkeit, sich selbst abzusichern, sämtliche Entscheidungen selbst zu treffen. »Wir waren nicht zur Selbstbestimmung erzogen«, meinte er.

Fätkenheuer, einer der ganz wenigen damaligen Insassen jenes Busses, die bereit sind, über ihre Erfahrungen zu sprechen, wechselte später seine Arbeitsstelle, gewöhnte sich allmählich an das Leben im Westen und fühlte sich ganz langsam wieder wohl in seiner Haut. Doch das dauerte viele Jahre.

Fätkenheuers Tränen waren nicht die einzigen, die an der Glienicker Brücke flossen. Im November 1989 stand ich an dieser Brücke und beobachtete, wie die ersten Ostdeutschen, einige mit kleinen Kindern auf dem Arm, über die lange verbotene Brücke hinüberwanderten nach West-Berlin, mit Freudentränen im Gesicht.

KAPITEL 6

Vom Wannsee zum Potsdamer Platz

Hinter der Glienicker Brücke wurde die Reichsstraße 1 zur Königstraße ausgebaut, einer breiten und attraktiven Chaussee, die zweifelsohne auch heute dem Großen Kurfürsten gefallen würde. Sie führt zunächst durch ein Stück Wald und wird dann gesäumt von großen, stattlichen Villen, die sich reiche Berliner zu Beginn des letzten Jahrhunderts hier am lieblichen Wannsee gebaut haben. Dies waren Bankiers, Industrielle, erfolgreiche Künstler, viele von ihnen Juden, die zu jener Zeit trotz immer noch vorhandenen Antisemitismus' endlich mehr Freiheit und Akzeptanz in der Gesellschaft genießen konnten als ihre Vorfahren, wenn auch oft um den Preis der Konversion zum Christentum. Wenn man kurz vor der Brücke zwischen dem Großen und dem Kleinen Wannsee links abbiegt und noch einige hundert Meter weiterfährt, erreicht man Villa und Seegrundstück des Malers Max Liebermann, dem führenden Vertreter des deutschen Impressionismus und einstmals Präsident der Berliner Secession und der Preußischen Akademie der Künste. Liebermann stammte aus einer reichen jüdischen Fabrikantenfamilie und lebte lange im Stadthaus seiner Familie am Pariser Platz, an der Nordseite des Brandenburger Tors. 1909 erbaute er dieses Sommerhaus mit einem großen, gepflegten Garten, den er sehr liebte und in seinen späten Jahren über zweihundert Mal malte. Das Haus blieb erhalten, wurde restauriert und ist heute ein Museum für einige seiner Werke. Der Garten ist wieder angelegt wie zu Liebermanns Zeit. Doch Liebermanns scheinbar so sorgenfreies Leben endete tragisch. Seine letzten Jahre waren geprägt von der Verbitterung über den Aufstieg der Nationalsozialisten und der Erkenntnis, dass die erhoffte Assimilation sich als Illusion erwiesen hatte. Vielleicht war es ein Glück für ihn, dass er 1935 starb. Seine Witwe Martha lebte weiter am Wannsee, wurde aber gezwungen, die Villa zu verkaufen, und nahm schließlich 1943 im Alter von 86 Jahren Gift, um sich der Deportation in ein Vernichtungslager zu entziehen. Der Selbstmordversuch schlug zunächst fehl, und sie muss schrecklich gelitten haben, bevor sie endlich, vier Tage später, im Jüdischen Krankenhaus starb.

Der Architekt, der die Liebermannsche Villa entwarf, Paul O. A. Baumgarten, verstand es dagegen, unter den Nazis Karriere zu machen. Er sollte später zusammen mit Albert Speer einer der Lieblingsarchitekten Hitlers werden und bei vielen Projekten mitarbeiten, darunter auch bei der neuen Reichskanzlei und bei der Konzeption von Joseph Goebbels' Dienstwohnung. Lange zuvor, nur etwa vier Jahre nach der Liebermann-Villa, erbaute er eine größere und noch luxuriösere Villa nur wenige Meter weiter in der gleichen Straße für einen Industriellen namens Marlier. Dieser verkaufte sie später an den Kohlengroßhändler Friedrich Minoux, der sie wiederum (während er wegen Betruges im Gefängnis saß) dem SS-Sicherheitsdienst (SD) weiterverkaufte. Zu diesem Zeitpunkt traten Naziführer und NS-Institutionen in vielen Wannseevillen an die Stelle der ursprünglichen Eigentümer. Die Marlier-Villa wurde in ein Gästehaus, Erholungs- und Konferenzzentrum für den SD und die Geheimpolizei umgewandelt. Am 20. Januar 1942 trafen sich hier Spitzenvertreter von SS und Naziregime mit Ministerialbeamten zur berüchtigten »Wannseekonferenz«, um die »Endlösung der Judenfrage« zu koordinieren und zu organisieren.

Zurück auf der Hauptstraße kommt man gleich zur schon erwähnten Brücke zwischen dem Großen und dem Kleinen Wannsee. Hinter ihr, gleich vor der S-Bahn-Überführung kann man nach rechts in eine als Sackgasse gekennzeichnete Kopfsteinstraße einbiegen, nach wenigen Metern beginnt auf der rechten Seite ein Holzzaun, der ein ruhiges, bewaldetes, sehr romantisch wirkendes Stück Land inmitten von Seegrundstücken abschließt. Im Jahre 1811 muss es hier noch sehr viel ländlicher ausgesehen haben als heute. Unweit vom Ufer stand damals ein Wirtshaus, der »Neue Krug«, geführt von einer Familie Stimmig, beliebt bei Künstlern und Ausflüglern aus Berlin. Man kann sich die angenehme Szenerie vorstellen, wie im Sommer die Menschen plaudernd an Tischen nahe am Wasser saßen und das Sonnenlicht durch die Bäume brach – ein Motiv, wie es später Liebermann und andere Künstler seiner Zeit gerne malten. Am 20. November jenes Jahres jedoch war es wahrscheinlich überhaupt nicht belebt, als ein Paar hierherkam, um zu übernachten und für immer zu bleiben. Er war ein bartloser junger Mann mit dunklem Haar, ein Spross einer alten preußischen Offiziers- und Adelsfamilie, sie zierlich, blauäugig, braunhaarig, lebhaft, hochintelligent und sehr musikalisch. Vielleicht war sie auch sehr blass und litt heftige Schmerzen, denn sie war unheilbar krank. Nach dem Abendessen blieben sie fast die ganze Nacht sitzen und schrieben Briefe, unter anderem an den Ehemann der Frau. Am nächsten Tag schickten sie den Brief per Boten an diesen Mann, aßen zu Mittag und stiegen dann den bewaldeten Hang hinauf. Sie setzten sich in ein Erdloch, das ein umgestürzter Baum gerissen hatte und tranken den Kaffee, den ihnen eine Magd brachte. Dann baten sie die Dienstbotin, ihnen noch etwas Kaffee zu bringen. Auf dem Weg zurück zum Wirtshaus hörte sie zwei Schüsse. Als sie das Paar wieder erreichte, waren beide tot. Der Mann hatte die Frau ins Herz getroffen und dann die Pistole gegen sich selbst gerichtet. So endete das Leben von Heinrich von Kleist und seiner geliebten Freundin Henriette Vogel, das für beide, für jeden auf seine Art, unerträglich geworden war. Zeugen beschreiben den Ausdruck auf den Gesichtern der beiden als heiter und zufrieden.

Am nächsten Tag eilte der Ehemann herbei, alarmiert durch den Brief, und ließ das Paar dort bestatten, wo es starb, so wie die Frau es gewünscht hatte, und es wurden zwei Grabsteine errichtet, um die Stelle zu markieren. Der ihre verschwand bald und wurde nie wieder gefunden. Heute erinnert nur noch ein kleiner Stein neben dem großen granitenen Kleists an ihren Tod.

Henriette Vogel, 31, war die Frau des Generalrendanten der kurmärkischen Landfeuersocietät und Landschaftsbuchhalters Ludwig Vogel und eine enge Freundin Kleists, aber, soweit wir wissen, nicht seine Geliebte. Sie litt an Gebärmutterkrebs im fortgeschrittenen Stadium und wusste, dass sie ein qualvoller Tod erwartete. Sie bat Kleist, sie zu erschießen, bezweifelte aber, dass er es tun würde. Doch der Dichter, der sich schon lange entschlossen hatte, seinem Leben ein Ende zu setzen, nur nicht allein sterben wollte, stimmte bereitwillig in den Todespakt ein. Ihren Tod bereitete Henriette Vogel sorgsam vor; sie freute sich darauf, wie sie ihrem Mann schrieb, als »größtes Glück«.

Kleist, der nur drei Tage zuvor 34 Jahre alt geworden war, war bettelarm und hoffnungslos verschuldet. Dies war jedoch nicht der einzige Grund, weshalb er sterben wollte. Als instabiler und hochemotionaler Mensch war er in den zehn Jahren zuvor wieder und wieder durch bittere persönliche, künstlerische und politische Enttäuschungen gegangen. Zuletzt waren seine Hoffnungen zunichte gemacht worden, Deutschland würde von Napoleon, den er leidenschaftlich hasste, befreit werden. Die von ihm herausgegebene Zeitung, die »Berliner Abendblätter«, musste schließen, und die geplante Gründung eines Wochenblatts, »Germania«, scheiterte. Er hatte keinen Erfolg als Schriftsteller, seine vaterländischen Stücke wurden von der Zensur verboten, die »Hermannsschlacht« erlebte ihre Uraufführung erst lange nach seinem Tod. Kleist konnte ja nicht wissen, dass seine Träume schließlich doch wahr werden sollten, Deutschland frei sein und geeint. Aus seiner Sicht im Jahre 1811 schien alles vollkommen hoffnungslos. »Die Wahrheit ist«, schrieb er am Morgen seines Todes, »dass mir auf Erden nicht zu helfen ist.«

Vom Wannsee zieht sich die alte R 1 durch die angenehmen, baumbestandenen westlichen Stadtbezirke Berlins und wechselt dabei mehrmals ihren Namen. Bald schon bleibt die königliche Potsdamer Chaussee zurück, und auf den Straßenschildern steht erst Potsdamer Straße, dann Unter den Eichen. Wenn man schließlich das Rathaus Steglitz erreicht, befindet man sich auf einer vollkommen großstädtischen Geschäftsstraße mit großen Kaufhäusern und starkem Verkehr, der Schlossstraße. Weiter geht es über die Rheinstraße und die Hauptstraße, wobei die Gegend zunehmend schäbiger wirkt. Dann kommt man an einem nach Heinrich von Kleist benannten Park vorbei und fährt wieder über eine Potsdamer Straße. Schließlich endet die Bebauung zu beiden Seiten, die Straße kreuzt das Schöneberger Ufer, und die Potsdamer Brücke führt über den Landwehrkanal.

Ein Schauplatz der Geschichte

Einst war dort, wo heute der Landwehrkanal entlangläuft, nur ein bescheidener Graben, der »Schafengraben«. Der Name erinnert an die Tage, als dieses Gelände noch eine ländliche Gegend weit vor den Toren der Stadt war. Im 19. Jahrhundert wurde der Graben von Lenné zu einem Kanal erweitert, um die stark befahrene Spree zu entlasten. Entlang der Kanalufer schuf er Promenadenwege und Grünanlagen. Damals bauten die Reichen der Stadt hier ihre Villen – so wie später am Wannsee. Auf dem Kanal ließen sich bequem die Baumaterialien für das entstehende »Millionärsviertel« heranschaffen. Dann, als Berlin zur Hauptstadt wurde und die Bevölkerungszahl explodierte, mussten die Villen Hotels, Läden, Regierungsgebäuden und Mietshäusern weichen. Hier, um den Potsdamer Platz, entstand der lebhafteste Teil der Stadt, er wurde zum Brennpunkt der Geschichte. Womöglich spielten sich auf dem einen Kilometer, der nun vor uns liegt, mehr menschliche und politische Dramen ab als auf der gesamten übrigen Reichsstraße 1.

Heute erinnert daran kaum noch etwas. Die neuen großen, offenen Flächen und kompromisslos modernen Gebäude scheinen in keinerlei Verbindung mehr zu stehen beispielsweise zum Spartakusaufstand, zu den Aufmärschen der Nazi-Braunhemden, den Bombenangriffen, den bitteren Kämpfen vor der Einnahme der Stadt durch die Sowjets, dem Schwarzmarkt der Nachkriegszeit oder dem Bau der Mauer.

Breit und modern zieht sich die Straße heute ein Stück geradeaus, bevor sie nach einer ausladenden Rechtskurve den optisch monumentalsten Punkt unserer Reise kreuzt. Zunächst kommt links die Neue Nationalgalerie, Mies van der Rohes Glaskasten, in dem ich zum ersten Mal den Gemälden Anselm Kiefers gegenüberstand. Ziemlich spät allerdings, muss ich gestehen, wenn man bedenkt, wie lange dieser schon als einer der bedeutendsten deutschen Maler der Nachkriegszeit galt, doch eigentlich genau zur rechten Zeit, denn die Ausstellung wirkte auf mich absolut umwerfend: Kämpfte ich in diesem Moment selbst damit, zurechtzukommen mit diesen Wechselwirkungen von Geschichte und Sinneseindrücken, Mythologie und Realität, der fernen Vergangenheit, der schrecklichen jüngeren Geschichte und der Gegenwart. Zudem konnte in diesem Gebäude der Blick durch große Scheiben frei schweifen – auf die Gegend, wo vor nicht einmal einem Menschenalter Hitlers Reichskanzlei stand, sein unterirdischer Bunker, das Reichssicherheitshauptamt, wo tatsächliche oder vermeintliche Regime-Gegner gefoltert und umgebracht wurden, und wo dann später die Mauer stand, als Trennlinie zwischen Ost und West.

Die Straße führt weiter, entlang der restaurierten neogotischen St. Matthäus-Kirche, die heute allein steht und doch einmal das Herz des prachtvollen Villenviertels war, vorbei an Hans Scharouns Philharmonie und Kammermusiksaal, schwenkt nach rechts und taucht dann ein in die glitzernde Häuserschlucht zwischen den Wolkenkratzern des neuen Potsdamer Platzes, einer kleineren, saubereren Version von New York.

Doch Halt! Diese Straße, die moderne Potsdamer Straße, ist tatsächlich Teil der heutigen B 1. Aber hier ging nie die R 1 entlang, die alte Reichsstraße. Um »unsere« Straße wiederzufinden, müssen wir wieder zum Landwehrkanal zurück. Von dort führte die alte R 1 nicht geradeaus wie heute, sondern wandte sich leicht nach rechts und führte dann direkt auf den Potsdamer Platz. Wenn man das heute versuchte, würde man geradewegs in das Iberoamerikanische Institut laufen, Teil von Scharouns riesiger Staatsbibliothek, die wie ein gestrandeter Ozeanriese quer über der alten R 1 liegt.

Das ist ganz erstaunlich. Bei aller schlechten Behandlung, die die alte R 1 ertragen musste – Vernachlässigung, Aufgabe, Degradierung, Verschwinden im Tagebau, Zerschneidung durch mehrere Grenzen inklusive der Berliner Mauer – wurde sie doch nirgends (soweit mir bekannt ist) tatsächlich in ein Baugrundstück verwandelt – außer hier, mitten im Herzen von Berlin. Wo heute die Staatsbibliothek steht, war einmal der Anfang der Potsdamer Chaussee, die die königlichen Residenzen Berlin und Potsdam miteinander verband. Dann wurde daraus die Potsdamer Straße, bis zum Zweiten Weltkrieg eine der belebtesten Straßen Berlins, auf der sich tausende Fahrzeuge und hunderttausende Fußgänger vom und zum Verkehrsknotenpunkt Potsdamer Platz drängten – mit seinem wichtigen Bahnhof, den S- und U-Bahn-Stationen, Hotels, Restaurants, Cafés, Kinos und Vergnügungstempeln.

Schuld an der Nachkriegsentwicklung war die damalige Manie, so viel wie möglich von der Vergangenheit aus dem Stadtbild zu tilgen und einen Neuanfang zu demonstrieren. Keineswegs alle der soliden wilhelminischen Gebäude in diesem Viertel waren durch den Krieg völlig zerstört. Etliche waren notdürftig geflickt und wurden noch jahrelang genutzt. Doch die Teilung der Stadt bedeutete, dass das, was einmal das Zentrum war, nun in beiden Teilen immer mehr zur Peripherie wurde. So riss schließlich, wenn auch aus unterschiedlichen Gründen, jede Seite fröhlich ein Gebäude nach dem anderen ab oder sprengte es in die Luft. Auf westlicher Seite blieben nur zwei erhalten; davon später noch mehr.

West-Berliner Stadtplaner, insbesondere Hans Scharoun, wollten, dass das alte Stadtzentrum oder vielmehr das, was davon noch in den Westsektoren lag, zu einem sogenannten Kulturforum wird – ein völlig neues und würdiges Zentrum für die gesamte Stadt, auf deren baldige Wiedervereinigung man hoffte. Alles hatte anders zu werden, sogar die Straßen. Eine breite Stadtautobahn sollte sich an dem Grenzstreifen entlangziehen und die Staatsbibliothek, ein imposant verschachteltes, weitgehend mit einer goldmetallicfarbenen Außenhülle verkleidetes Gebäude, am Rande dieser Autobahn liegen und unter anderem als Schallschutz den Verkehrslärm vom Kulturforum fernhalten. Glücklicherweise wurde diese Autobahn nie gebaut, und die neue B 96, die in etwa deren geplanter Trasse folgt, verläuft nun unterirdisch. Da jedoch die Bibliothek direkt an der Autobahn liegen sollte, hat sie keinen Eingang an der Ostseite bekommen, und deshalb müssen die Besucher, die heute von den U- und S-Bahn-Stationen Potsdamer Platz kommen – und das sind sicherlich viele – um das ganze Gebäude herum auf die Westseite laufen, um hineinzukommen. (All das vergibt man jedoch, wenn man erinnert, dass diese Bibliothek auf dem Buchbestand unseres Freundes Meusebach aufgebaut wurde und heute die Nachlässe der Gebrüder Grimm, Briefe von Bettina von Arnim und zahllose andere Zeugnisse des deutschen literarischen Erbes beherbergt.)

Hinter der Staatsbibliothek liegt heute statt einer Autobahn Renzo Pianos Marlene-Dietrich-Platz – als ein Teil des Potsdamer-Platz-Ensembles –, dessen Zuschnitt und flache Stufen entfernt an ein Theater erinnern. Zwischen der Spielbank auf der einen Seite und dem Musicaltheater auf der anderen ließ Piano einen Spalt ungefähr dort, wo die R 1 verlief, durch den man von Osten die Rückseite der Staatsbibliothek erkennen kann. Zwei dort zur Verzierung aufgestellte gewaltige Felsbrocken scheinen Scharouns bewusste Blockierung der alten Straße nur noch zu unterstreichen.

Am Marlene-Dietrich-Platz taucht die R 1 wieder auf. Hier heißt sie nun Alte Potsdamer Straße und ist eine ruhige baumbestandene Seitenstraße zwischen den glitzernden neuen Gebäuden des Daimler-Chrysler-Komplexes, die von Autofahrern nur zum Zweck der Parkplatzsuche befahren wird. Überall stehen Sonnenschirme und Cafétische, und lediglich auf der rechten Seite bemerkt man etwas vage Vertrautes und Anheimelndes zwischen all der abstrakten Modernität. Es ist die graue, solide gemeißelte Fassade des Weinhauses Huth, das eine der beiden einzigen alten Gebäude am Potsdamer Platz, die bis heute überdauert haben.

Das Weinhaus Huth hatte einen Logenplatz mit Blick auf die Geschichte, seit es 1871 erstmals öffnete. Seine faszinierende Historie erzählt der Journalist Wolf Thieme in seinem Buch »Das letzte Haus am Potsdamer Platz«. Fünf Jahre lang puzzelte Thieme in verbissener Kleinarbeit die einzelnen Mosaiksteine der Geschichte des Hauses zusammen, spürte Menschen auf, die hier einmal gearbeitet hatten, interviewte sie sowie Freunde und Angehörige der Besitzer, grub Dokumente und Erinnerungen von Zeitzeugen aus. Das Ergebnis ist ein beachtliches historisches Dokument.

Zunächst war das Weinhaus Huth eine gemütliche Villa mit Vorgarten und verglaster Veranda. Theodor Fontane, der nicht weit von hier wohnte, war ein häufiger Gast – er erwähnt das Haus sogar in seinem Roman »Effi Briest« –, ebenso wie der Maler Adolph von Menzel, der Historiker Theodor Mommsen, der uns bereits bekannte Reichspostminister Heinrich von Stephan, der spätere Großadmiral Alfred von Tirpitz und viele andere große Persönlichkeiten. 1912 wurde an der Stelle der Villa das heutige Steingebäude errichtet mit seinem kleinen Türmchen, damals wie heute ein Wahrzeichen für diesen Ort. Im ersten Stock befanden sich prächtig eingerichtete Gesellschaftsräume, wo das Großbürgertum der Kaiser- und wenig später der Zwischenkriegszeit elegante – und sehr teure – Empfänge und Bankette zu geben pflegte.

Dieses Haus war das Werk von Willy Huth (1877–1967), dem Sohn des Gründers und Urenkel des Kellermeisters von Friedrich dem Großen. Nach Thiemes Beschreibung könnte er einer der Figuren von George Groszs Gemälden aus der Zwischenkriegszeit geähnelt haben. Er trug einen schwarzen Homburg-Hut, steifen Vatermörderkragen und Monokel und liebte Spaziergänge im Tiergarten. Er war »stolz, hochfahrend und arrogant« und bei seinen Mitarbeitern unbeliebt, die viele Stunden für erbärmlichen Lohn schuften mussten, und sogar gegenüber seinen Gästen blieb er distanziert. Allerdings war er ein exzellenter Weinkenner und -händler, der unter dem eigenen Haus und den Nachbarhäusern über einen beachtlichen Weinkeller verfügte.

Willy Huths Monokel dürfte Zeuge so mancher dramatischen Szene des letzten Jahrhunderts gewesen sein, die sich rund um das Weinhaus abspielte. Nach dem Ersten Weltkrieg hatte Huth mit Lebensmittelrationierungen zu kämpfen. In der Weimarer Zeit konnte er die Zusammenstöße zwischen den Linken und Rechten beobachten, womöglich die Verhaftung Karl Liebknechts, sicherlich die Aufmärsche der SA, dann die letzten Kämpfe im Zweiten Weltkrieg, die sowjetische Besatzung, den Ostberliner Arbeiteraufstand und schließlich den Bau der Mauer nur einen Steinwurf entfernt.

Huth war erzkonservativ und streng deutschnational. In seinem Restaurant hingen Porträts von Bismarck und dem Kronprinzen; einmal wurde er von einem SS-Offizier kritisiert, weil kein Porträt des Führers dabei war. Huth konnte die Sozialdemokraten nicht ausstehen, die Nazis aber auch nicht. Es war eher ein Zufall, dass einer seiner Angestellten in den 1920er Jahren ein gewisser Alois Hitler war, Stiefbruder eines seltsamen politischen Brandredners, der es jedoch, davon war Alois trotz allgemeinen Zweifels überzeugt, eines Tages bis ganz nach oben schaffen würde. Später kündigte Alois Hitler und eröffnete sein eigenes Restaurant. Heinrich Himmler wurde gelegentlich beim Mittagessen im Huth gesehen, und auch SS-Männer aus dem nahen Reichssicherheitshauptamt ließen sich gelegentlich kalte Speisen bringen. Dennoch war das Lokal bei den Nazis im Allgemeinen nicht beliebt. Im Gegenteil, es genoss sogar den Ruf eines Ort, an dem man sich relativ frei unterhalten konnte, weil so wenige von ihnen dort herumsaßen.

Huth selbst schien auf den ersten Blick ein schwerreicher Mann zu sein. Er hatte die Tochter von Bodo Diede geehelicht, einem führenden Hersteller des damals so beliebten Buntglases. Er hatte einen Chauffeur, der ihn täglich in einer stattlichen Horch-Limousine die kurze Entfernung zu seiner Villa am Lützowplatz fuhr, die ihm sein Schwiegervater geschenkt hatte und in der er viele glanzvolle Abendessen gab – heute steht dort das Hotel Berlin. Doch seine Firma steckte ständig in hohen Schulden, hauptsächlich weil er den Neubau des Lokals als teuren und damals ultramodernen Stahlskelettbau hatte errichten lassen. Diese Investition sicherte – was sich beim Bau natürlich niemand hätte vorstellen können – später das Überleben des Weinhauses, während viele Nachbarhäuser, auch wenn sie nicht direkt getroffen wurden, aufgrund der Druckwellen im Bombenhagel einstürzten.

Oft konnte Huth sich nur durch die Mieteinnahmen von Untermietern, die Teile des Gebäudes als Ladenfläche oder Büros nutzten, finanziell über Wasser halten. Als Willy Huth 1967 im Alter von neunzig Jahren starb und seine Witwe das Haus für 725 000 DM an den Berliner Senat verkaufte, blieb es immer noch mit 400 000 DM Hypotheken belastet.

Heute befindet sich rechter Hand der schweren alten Eingangstür ein Tchibo-Café. Links hat sich – könnte man sagen – die Konkurrenz einquartiert: Lutter & Wegner. Bis vor dem Zweiten Weltkrieg war dies eine berühmte Weinhandlung am Gendarmenmarkt, einstmals Preußischer Hoflieferant. In diesem noch viel älteren Lokal hatte eine illustre Klientel verkehrt, darunter Heinrich Heine, Richard Wagner, Joseph von Eichendorff, Adelbert von Chamisso, später Marlene Dietrich und andere Stars. Doch sein dauerhaftes Renommee verdankt das Lutter & Wegner dem Schriftsteller, Komponisten und Multitalent E. T. A. Hoffmann, der ganz in der Nähe lebte, jeden Abend hereinschaute und sich den Wein schmecken ließ, bis sein Witz und seine Phantasie zu sprühen begannen und er seine Freunde stundenlang unterhielt. Jacques Offenbach legte den ersten Akt und den Epilog seiner berühmten Oper »Hoffmanns Erzählungen« in das Lutter & Wegner.

Huths Weinhaus überstand den Krieg, aber sein alter Ruf ist vergessen. Lutter & Wegners Weinhandlung am Gendarmenmarkt wurde zerstört; heute steht dort ein Hotel. Doch dank Offenbach und Hoffmann leben Name und Ruhm des Lokals in Form einer Restaurantkette mit mehreren Gaststätten in Berlin weiter. Eine davon befindet sich an einer neuen Adresse am Gendarmenmarkt, und man rühmt sich dort einer E. T. A. Hoffmann-Stube. Verblüffenderweise – betrachtet man die lange und romantische Verbindung dieses Namens mit Berlin – serviert man im Lutter & Wegner heute österreichische Küche.

Am Ende der Alten Potsdamer Straße steht eine schlanke hohe Konstruktion. Es ist ein moderner Nachbau von Europas erster, 1924 in Betrieb genommener Verkehrsampel, angebracht auf einem fünfseitigen, 8,50 Meter hohen Turm mit Uhren in allen Seitenflächen. Ursprünglich wurden die bunten Lichter von einem Polizeibeamten, der in einer Kanzel auf dem Turm stand, von Hand geschaltet. Auch in den alten Zeiten war der Verkehr hier schon ungeheuer dicht, und es war ein gefährliches Unterfangen, die Straße zu überqueren. Einige Jahre lang wurde der Verkehr sechsmal am Tag angehalten, um einen Eisenbahnzug den Platz überqueren zu lassen, vorneweg ein Mann zu Fuß, der eine Glocke läutete. Heute sind es blinkende Polizeifahrzeuge und -motorräder, die anlässlich der zahlreichen Demonstrationen und Staatsbesuche hier regelmäßig sogar für längere Zeit den Verkehr lahm legen.

Etwas zurückgesetzt vom Potsdamer Platz auf der südwestlichen Seite befand sich bis 1945 ein überladener Prachtbau, der Potsdamer Bahnhof, einer der verkehrsreichsten Berlins. Hier verschmolz für einen kurzen Moment am 11. April 1917 die Geschichte unserer Straße mit der Eisenbahngeschichte. An diesem Tag stand ein versiegelter Eisenbahnwaggon an einem Gleis des Bahnhofes. Der Bahnsteig war bewacht, niemand konnte sich ihm nähern, auch durften keine Passagiere aussteigen. Im Innern des Waggons befand sich unter anderen ein gewisser Vladimir Iljitsch Uljanov, besser bekannt unter seinem Decknamen Lenin. Er wurde, wie es Winston Churchill einmal ausdrückte, »wie ein Pestbazillus« in diesem versiegelten Waggon von seinem Exil in der Schweiz durch Deutschland nach Schweden transportiert. Von dort reiste er nach Petrograd (das heutige St. Petersburg) weiter, wo gerade die Februarrevolution stattgefunden und Zar Nikolaus II. abgedankt hatte. Die deutsche Oberste Heeresleitung spekulierte bei der Organisation dieser seltsamen Reise darauf, dass Lenin in Petrograd für Chaos sorgen und sich als Dank für die Unterstützung dafür einsetzen würde, dass sich Russland aus dem Ersten Weltkrieg zurückzog. Damit könnten dann deutsche Divisionen von der Ostfront für den Kampf gegen Briten und Franzosen im Westen freigesetzt werden. Der Plan funktionierte auch, zumindest kurzfristig. Auf längere Sicht jedoch sollte die Hilfe, die die Deutschen dem »Bazillus« gewährten, Folgen haben, die ihre schlimmsten Alpträume weit übertrafen.

Mauern

Ein paar Meter hinter dem Ampelturm geht der Potsdamer Platz nahtlos in den Leipziger Platz über. Das war nicht immer so. Einst teilte eine Mauer die beiden Plätze, aber noch nicht diejenige, an die man hier als Erstes denkt. Es war vielmehr die sogenannte Akzisemauer, die im 18. und 19. Jahrhundert die Berliner Innenstadt umgab und der Stadtregierung erlaubte, den Verkehr in die Stadt und aus ihr heraus zu kontrollieren, an dieser Stelle Steuern zu erheben und Deserteure an der Flucht zu hindern. Der achteckige Leipziger Platz befand sich innerhalb dieser

Mauer. An dem dortigen Stadttor standen zwei Wachhäuschen im Dorischen Stil, entworfen von Schinkel, eines für die Wachen, das andere für die Zollbeamten. Als die Mauer zwischen 1867 und 1870 Stück für Stück niedergerissen wurde, blieben die beiden schmucken Häuschen zunächst stehen, sie verschwanden erst während beziehungsweise nach dem Zweiten Weltkrieg.

Achtundzwanzig Jahre des letzten Jahrhunderts stand dann bekanntlich hier eine andere, die Berliner Mauer, durchtrennte Straßen und Straßenbahnlinien und teilte die gesamte Stadt. Eine Doppelreihe von Pflastersteinen aus Basalt quer über den Potsdamer Platz markiert heute ihren einstigen Verlauf, und zum Entzücken der Touristen hat man zudem ein paar Original-Betonsegmente auf dem Gehsteig zwischen der Potsdamer Straße und der Bellevuestraße aufgestellt. Sie hatte einfach ungeheuerlich ausgesehen, diese hohe Betonmauer mit all den schreckenerregenden Sicherungseinrichtungen dahinter, und doch, als nach der Nacht des 9. November 1989 die Bagger kamen, um sie abzureißen, brach sie auf und zersplitterte wie Zuckerguss auf einem Kuchen, wenn die Gabel hineinfährt. Und auf einmal wirkte diese Konstruktion, die ein Symbol für Grausamkeit, Macht und Gewalt war, nur mehr lächerlich zerbrechlich. Der Beton war allerdings von hervorragender Qualität, was die vielen Mauerspechte bezeugen können, die später zahllose Stücke davon in Souvenirs verwandelten.

»Die Mauer« bestand tatsächlich aus zwei Mauern, den Standort der zweiten, die den Grenzstreifen nach hinten absicherte, markiert weiter östlich eine weitere Doppelreihe von Pflastersteinen quer über den Leipziger Platz. Kurz nach dem 9. November 1989 ging eine Freundin mit ihrem Sohn über dieses Niemandsland spazieren und entdeckte, dass dieser Streifen Erde, den kaum jemand betreten hatte, voller Rauke stand – Rucola! Der damals in den schicken westlichen Restaurants angesagte

Trendsalat wuchs hier ungefragt und ohne Hilfe inmitten des »antifaschistischen Schutzwalls«.

Gleich um die Ecke in der Bellevuestraße steht das zweite Gebäude der Vorkriegszeit, das an diesem Ort erhalten geblieben ist. Es war ein Teil des riesigen Esplanade-Hotels, erbaut vom und für den Adel und vielleicht das snobistischste Hotel in ganz Berlin. Nach Jahrzehnten, in denen solche alten Gebäude lustvoll abgerissen wurden, wandte sich das Blatt, und die ziemlich armseligen Überreste des Esplanade wurden plötzlich zu etwas Hochgeschätztem und Bewahrenswertem, koste es, was es wolle. Und es kostete! Seine Lage passte nicht in die Pläne für das neue Sony-Center? Kein Problem. Der güldene Kaisersaal wurde mit all seinen 1300 Tonnen Gewicht auf Luftkissen gehoben, auf Schienen gestellt und langsam an einen neuen Platz geschoben, ganze 75 Meter entfernt. Die Wände des Frühstückssaals wurden abgebaut und an dem neuen Standort wieder hergerichtet. Und dort steht der Kaisersaal heute immer noch, hinter Glas und als Teil eines modernen Ensembles. Das gewaltige Gebäude rundum wurde – ein Triumph der modernen Ingenieurskunst, erzählt man uns – als Brücke darübergebaut, um nichts von dem, was von dem alten Hotel blieb, zu beschädigen.

Der Leipziger Platz erhielt seine charakteristische achteckige Form bereits, bevor man ihm seinen Namen gab, zur Feier des Sieges über Napoleon in der Völkerschlacht bei Leipzig. Über die Jahrhunderte hatte man hochfliegende Pläne für das Achteck des Platzes entwickelt. Der Architekt Friedrich Gilly entwarf ein monumentales Grabmal für Friedrich den Großen, und später träumte Schinkel von einer neugotischen Kathedrale, in die das Grab Friedrichs integriert werden und mit der an die Befreiungskriege erinnert werden sollte. Aus all diesen Plänen wurde jedoch nichts. Stattdessen bepflanzte Lenné den achteckigen Platz mit Linden, und im Laufe der Jahre wurde er von einer bunten Mischung aus kleineren Denkmälern und Figurengruppen bevölkert – eine Zeitlang gab es zehn davon. Während beziehungsweise nach dem Zweiten Weltkrieg verschwanden die Kunstwerke vom Leipziger Platz und die hungrigen Berliner pflanzten hier stattdessen Gemüse. Als die Mauer gebaut wurde, rodete das Ostberliner Regime die Bäume, um ein freies Schussfeld zu gewinnen.

Zur Zeit der Entstehung dieses Buches werden rund um das Achteck prächtige neue Gebäude hochgezogen. Nur in der nordöstlichen Ecke des Platzes und weiter die Leipziger Straße entlang gibt es eine große Brache, voller Erde, Gras und Unkraut. Kein Schild verweist auf die Geschichte dieses Ortes. Die 20 000 Quadratmeter sind Zeuge einer recht beschämenden Seite in der Geschichte Berlins im 20. Jahrhundert. Hier stand einmal Wertheim, das größte und schillerndste Warenhaus Europas. Es war ein Konsumtempel mit einer edlen neugotischen Fassade und eleganten Steinmetzarbeiten. Im Innern war Wertheim ein Wunderland des Reichtums und des Luxus; weiches Licht fiel auf weit geschwungene Treppen, ausladende Kronleuchter, üppige Wandmalereien, Mosaike, Buntglas, Springbrunnen und jede nur erdenkliche Ware, »vom ausgereiften Ziegenkäse bis zur Parsifal-Partitur«, wie es eine kürzlich erschienene Familienbiografie ausdrückt.

Die Geschichte des Kaufhauses Wertheim ist die Geschichte einer jüdischen Familie aus einfachen Verhältnissen mit einem Laden in Stralsund, die sich Stufe um Stufe hocharbeitete, indem sie neue Verkaufsmethoden anwandte. So führte sie zum Beispiel Festpreise ein, achtete auf die höfliche und gleichwertige Behandlung aller Kunden, ohne Ansehen ihrer sozialen Herkunft, stellte erstmals die Waren aus und kam auf die – fast revolutionäre – Idee, die unterschiedlichsten Produkte unter einem Dach anzubieten. Georg Wertheim, der führende Mann der Familie in seiner Generation, der den Erfolg entscheidend vorantrieb, war ein ruhiger, würdevoller und hochangesehener Herr, der mit den großen Bankiers, Geschäftsmännern und anderen Prominenten seiner Zeit verkehrte, sogar mit dem Kaiser selbst, dessen Majoliken aus der Handstrichziegelei des kaiserlichen Guts in Cadinen im Warenhaus verkauft wurden. Als die Nationalsozialisten an die Macht kamen, konnte Georgs gesellschaftliche Stellung die Familie nur für kurze Zeit schützen; dann wurde auch das Geschäft der Wertheims »arisiert«. Georg wurde gezwungen, sich zur Ruhe zu setzen und die Aktienmehrheit auf den Namen seiner nicht-jüdischen Frau zu überschreiben. Dann musste er sich von ihr scheiden lassen. Georg Wertheim starb 1939; die meisten Angehörigen der Großfamilie flohen ins Ausland, vier Familienmitglieder wurden jedoch auf der Flucht verhaftet und in Konzentrationslagern ermordet.

Nach dem Krieg wurden die Wertheims noch einmal zu Opfern, dieses Mal durch den Berater, dem sie am meisten vertrauten, Dr. Arthur Lindgens, der ehemalige Justitiar der Firma und nun deren Vorstandsvorsitzender. Lindgens, der inzwischen die Witwe Georg Wertheims geheiratet hatte, brachte die Erben unter Vorspiegelung falscher Tatsachen dazu, ihm ihre Firmenanteile für einen Spottpreis zu verkaufen. Sie wussten nicht, dass Lindgens nur vier Tage zuvor eine geheime Abmachung eingegangen war, die Firma an den Hertie-Konzern (der später von Karstadt-Quelle gekauft wurde) für eine ungenannte, aber wahrscheinlich enorme Summe zu verkaufen. Das, was von dem Warenhaus am Leipziger Platz übrig geblieben war, und zahlreiche andere äußerst wertvolle Immobilien und Grundstücke in Berlin-Mitte wurden von den Sowjets beschlagnahmt. All dies kam nach der Wende in höchst komplizierten Gerichtsprozessen ans Tageslicht, von denen einige noch heute andauern. Eines jedoch konnte durch ein Urteil bereits geklärt werden: Der Familie Wertheim wurde für die Brache am Leipziger Platz und an der Leipziger Straße eine Entschädigung zugesprochen. Im Mai 2006 übergab ein Gericht dieses Grundstück an die *Jewish Claims Conference*, durch die die Familie vertreten wird. Die Organisation, die Entschädigungsansprüche jüdischer Opfer des Nationalsozialismus vertritt, soll das Grundstück verkaufen und an die Wertheim-Erben achtzig Prozent des Erlöses weitergeben. Damit avancierte dieses Stück Land zum größten und wahrscheinlich prestigeträchtigsten Grundstück, das man in Berlin heute kaufen kann, mit einem vermuteten Verkaufswert von mindestens fünfzig Millionen Euro.

KAPITEL 7

Kunst, Musik und Trommelfeuer

Schräg gegenüber an der Leipziger Straße steht ein stattlicher Palast mit einem Vorhof, eleganten Topfpflanzen und getrimmten Buchsbaumhecken, auf dessen Fassade heute die Bezeichnung »Bundesrat« steht. Früher einmal stand hier ein Haus mit der Nummer 3, das der Familie Mendelssohn Bartholdy gehörte und in dem der Komponist Felix (1809–1847) und seine Schwester Fanny einen großen Teil ihrer Kindheit verbrachten. Wie reizvoll wäre es, in die Vergangenheit zurückzukehren, das Mendelssohnsche Stadtpalais zu bewundern und die ganze Umgebung, die damals noch sehr grün war, fast ländlich, sowie den Konzerten zu lauschen, die die Familie im Haus oder dem schönen Garten zu geben pflegte. Ein Haus weiter, in der Nummer 4, befand sich die berühmte Königliche Porzellanmanufaktur, damals vermutlich ein angenehmerer Nachbar für die Mendelssohns, als es heute eine Porzellanfabrik wäre.

Im Jahre 1899 wurden beide Häuser abgerissen und stattdessen der heutige Prachtbau errichtet, und zwar für das Preußische Herrenhaus (das Oberhaus), den späteren »Preußischen Staatsrat«. Dessen langjähriger Präsident war von 1921 bis 1933 Konrad Adenauer. Schwer beschädigt im Zweiten Weltkrieg, wurde das Gebäude vom DDR-Regime notdürftig wiederhergestellt und von staatlichen Organisationen genutzt, bis ganz in der Nähe die Mauer gebaut wurde. Dann wurde es aufgegeben und rottete bis in die 1990er Jahre vor sich hin, um schließlich als zukünftiger Sitz des Bundesrates gründlich restauriert und modernisiert zu werden.

Das darauffolgende Gebäude an der Ecke Leipziger Straße/Wilhelmstraße hat unverkennbar eine Fassade aus der Nazizeit, eine der wenigen erhaltenen ihrer Art. Dieses Aussehen verdankt das Bauwerk Hermann Göring, der es als Luftfahrtministerium zu seinem Machtzentrum ausbaute. Obwohl Teile des Komplexes auch SS und Gestapo nutzten, die in der Nachbarschaft ansässig waren, wurde doch anscheinend niemand hier gefoltert oder inhaftiert, dies womöglich der Grund, warum das DDR-Regime den Bau verschonte und später in sein »Haus der Ministerien« umwandelte.

Um zu betonen, welche Ideologie nunmehr an der Macht war, und den Westlern hinter der nahen Grenze zu zeigen, dass der Sozialismus die bessere Gesellschaftsform sei, bestellte die DDR-Regierung ein Wandbild für die Außenfassade unter der strengen Kolonnade. Es sollte den Namen »Aufbau der Republik« tragen und aus Meißner Porzellankacheln angefertigt werden. Als Künstler wählte man Max Lingner aus, einen glühenden Kommunisten, der viele Jahre in Paris gelebt und die Zeitungen *Le Monde* und *L'Humanité* illustriert hatte. Seine fröhliche Darstellung der zukünftigen DDR-Gesellschaft wurde jedoch als »zu französisch« und »nicht realistisch genug« empfunden. Sechsmal musste er das Bild ändern. Ministerpräsident Otto Grotewohl, der sich selbst für einen Maler hielt, schaltete sich persönlich ein. Das im Januar 1953 schließlich eingeweihte Werk war ein prosaisches Stück sozialistischer Propagandakunst. Es zeigte lachende Bauernmädchen, die Getreidegarben trugen, Geistesarbeiter und Bauern Hand in Hand mit Industriearbeitern, Volkspolizisten mit ihren neuesten Waffen, einen Parteifunktionär mit Schlips und Aktentasche und Marschkolonnen mit Bannern, auf denen stand »Es lebe die Deutsche Demokratische Republik«. Jahre später berichtete Lingners Witwe, ihr Mann habe das Bild gehasst und jedes Mal, wenn er in der Gegend war, einen großen Umweg gemacht, um es nicht anschauen zu müssen.

Dass diese Darstellung der DDR auch von der Bevölkerung nicht geteilt wurde, verdeutlichte sich nur sechs Monate nach der Einweihung des Kunstwerks auf dramatische Weise. Am 17. Juni 1953 führte der Zorn über eine Erhöhung der Arbeitsnormen (was faktisch eine Lohnsenkung bedeutete) Massen von streikenden Arbeitern ins Ostberliner Zentrum und viele von ihnen zum Haus der Ministerien. Etwa um neun Uhr vormittags brachen sie das Tor auf, verschafften sich Zugang und warfen Fensterscheiben ein, wurden jedoch von der Polizei mit vorgehaltenen Maschinengewehren wieder hinausgedrängt. Etwas weiter die Straße entlang hissten Polizisten in einer belagerten Wache am Potsdamer Platz die Weiße Fahne, warfen ihre Uniformen auf die Straße und rannten, mit Bündeln von Dokumenten unterm Arm, hinüber zum britischen Sektor. Am Haus der Ministerien rissen die Massen das gusseiserne Schild mit der Inschrift »Der Präsident der Deutschen Demokratischen Republik« nieder und zerschmetterten es mit einem Stein. Der Aufstand wütete auch am Brandenburger Tor und Unter den Linden. Die Menschen stürmten Gebäude der Staatssicherheit und der Regierung, befreiten Inhaftierte aus dem Gefängnis und forderten freie Wahlen. Die Demonstranten in der Leipziger Straße hörten Schüsse und dann ein unheilvolles Dröhnen – sowjetische Panzer rückten an, begleitet von Vopos (Volkspolizisten) mit Maschinengewehren im Anschlag. Diese feuerten in die Menge, Menschen stürzten zu Boden, Verwundete schrien. Es wurde der Ausnahmezustand erklärt. Die Sowjets übernahmen die Macht und verhängten eine nächtliche Ausgangssperre. Am Abend des Tages war damit wieder Ruhe eingekehrt. Niemand weiß, wie viele Menschen tot in den Straßen lagen – zwischen 50 und 125 wird geschätzt. Auch die Zahl der Teilnehmer an dem Aufstand steht letztlich nicht fest – waren es 400 000 oder anderthalb Millionen? Zu diesem Zeitpunkt hatte sich die Revolte, die erste im von den Sowjets besetzten Europa, bereits auf viele andere Regionen der DDR ausgeweitet.

Heute wird der Ereignisse in eher knapper Form gedacht. Im Boden vor dem Wandbild am ehemaligen Haus der Ministerien, das heute Detlev-Rohwedder-Haus heißt und in dem das Bundesfinanzministerium sitzt, ist eine lange, grobkörnige Vergrößerung einer Fotografie eingelassen, die Demonstranten des Jahres 1953 Arm in Arm marschierend zeigt.

Arminius kämpft wieder

Hinter der Wilhelmstraße kreuzte die alte R1 die Friedrichstraße, die sich mittlerweile zu einer eleganten Geschäftsmeile entwickelt hat. Sie führt nördlich weiter zum Bahnhof Friedrichstraße und in das Berliner Theaterviertel. Dort, im Deutschen Theater, sah ich vor wenigen Jahren zum ersten Mal Kleists »Hermannsschlacht«, seinen leidenschaftlichen Aufruf zum Partisanenkrieg gegen die napoleonische Besatzung. Das Stück wurde zu Kleists Lebenszeit und viele Jahre danach praktisch ignoriert, gewann aber später große Popularität. Das kaiserliche Deutschland liebte es, die Nazis waren davon hingerissen. Dem Programm zufolge wurde es in der Spielzeit 1933/34 145 Mal gegeben. Nach dem Krieg verschwand es erst einmal in der Versenkung und wurde dann, soweit ich weiß, nur mehr mit spitzen Fingern angefasst. Einmal kam es in der DDR zur Aufführung – in einer Inszenierung, in der die Deutschen anstatt von den Römern von den Amerikanern befreit wurden (bei der Premiere war Walter Ulbricht anwesend) –, und im Westen inszenierte man es als Aufruf zur Befreiung der Dritten Welt vom Imperialismus. Weil es heute vielen als unspielbar gilt, war ich neugierig zu sehen, was das Deutsche Theater damit anstellte.

Das Bühnenbild zeigte ein Hotel einer internationalen Kette mit Sitz in Rom. Die Germanen waren die Angestellten, Arminius der Oberpförtner, seine Frau Thusnelda eine Reinemachkraft und die Römer die Gäste. Gelegentlich wechselte die Kulisse zu einer Lagerfeuerszene in einem Urwald, zu dessen Bewohnern ein Bär zählte. Man verwendete Kleists Text unverändert, soweit ich das beurteilen konnte, außer dass ab und an eine Klingel schrillte und das Hotelpersonal das Firmenlied anstimmte – »We love the company!« In der Massakerszene purzelte eine Gruppe von Römern in rotgefärbten Badeanzügen aus dem Lift.

Einer Kritik zufolge sollte das Stück zeigen, wie kleinbürgerliche Ressentiments, Unterwürfigkeit und Heuchelei in Brutalität, Gewalt und Mord umschlagen können. Die Waldszenen standen anscheinend für die dunkle Seite des Nationalismus. Obwohl es im kleineren Saal des Theaters gespielt wurde, den Kammerspielen, gab es viele leere Plätze.

Die erste sozialistische Straße in Deutschland

Zurück zur alten R1, deren Trasse weiter die Leipziger Straße entlangführt mit ihren modernen Hochhaus-Plattenbauten, die sie einmal zu einer Vorzeigestraße der alten DDR machte, und weiter am Kern des alten Berlin vorbei. Links kommen Alexanderplatz und Fernsehturm ins Blickfeld, und dann verbreitert sich die Fahrbahn in verwirrend vielen Spuren. Wir ordnen uns rechts ein, denn unsere Straße biegt nun ab und öffnet sich in die immer noch sogenannte Karl-Marx-Allee, eine weitere Prachtstraße von sowjetischen Dimensionen. Am Strausberger Platz geht es leicht nach links und dann immer geradeaus, rechts und links flankiert von majestätischen Hochhäusern in einem monumentalen neoklassizistischen Zuckerbäckerstil, wie man ihn westlich von Moskau nur selten findet.

Für diesen Pomp gibt es einen Grund. Es ist die Straße, auf der 1945 die meisten Soldaten der Roten Armee nach Berlin einrückten. Als Stalin am 21. Dezember 1949 seinen siebzigsten Geburtstag feierte, wurde die Straße zu seinen Ehren in Stalinallee umbenannt, zwei Jahre später errichtete man zudem eine 4,80 Meter hohe Statue des Diktators. Das Ostdeutschland aufgezwungene Marionettenregime ging in seiner Dankbarkeit gegenüber dem Befreier noch einen Schritt weiter und beschloss, hier die »erste sozialistische Straße Deutschlands« zu errichten. Das hieß, zu immensen Kosten prachtvolle, mit Keramikkacheln verkleidete »Arbeiterpaläste« und Gebäude für kommunistische Institutionen zu errichten. Die großen Dimensionen der Gebäude und der Straße gaben unter anderem eine hinreichend eindrucksvolle Kulisse für den bekannten Zeitvertreib totalitärer Regimes ab: für Aufmärsche und Paraden.

Das sozialistische Musterimage wurde jedoch arg lädiert, als am 16. Juni 1953 die Bauarbeiter dieser »Paläste« aus Protest gegen die Erhöhung der Arbeitsnormen in den Streik traten und jenen Volksaufstand auslösten, den wir gerade eben kennengelernt haben. 1961, acht Jahre nach Stalins Tod, in der ersten sogenannten Entstalinisierungsphase, wurde der erste Teil der Straße in Karl-Marx-Allee umbenannt, der zweite Teil erhielt wieder den Vorkriegsnamen, Frankfurter Allee. Die Stalinstatue verschwand über Nacht.

Etwa drei Kilometer hinter dem Ende der Karl-Marx-Allee stößt man auf weitere steinerne Zeugnisse des Arbeiter- und Bauernstaates. Die Ruschestraße auf der linken Seite führt zur Normannenstraße und dem großen Komplex, von dem aus das Ministerium für Staatssicherheit seine engmaschige Kontrolle über die Bevölkerung ausübte. Hinter der Ruschestraße kommt die Magdalenenstraße, die den meisten Berlinern heute nur noch als U-Bahn-Station ein Begriff ist. Für viele frühere DDR-Bürger stand der Name aber für das Stasi-Untersuchungsgefängnis, in dem zahllose unglückselige Menschen verhört und wegen tatsächlichen oder vermeintlichen Widerstands gegen das Regime festgehalten wurden, darunter auch Eberhard Fätkenheuer, dem wir zuletzt an der Glienicker Brücke begegnet sind.

Davor diente das Gefängnis an der Magdalenenstraße einem noch geheimeren und finstereren Zweck, von dem aber selbst heute nur wenige wissen. Der uns ebensfalls schon bekannte Peer Lange musste diesen am eigenen Leibe erfahren: Es war die Sammelstelle für politische Gefangene aus der gesamten sowjetischen Besatzungszone und später der DDR, die weiter in die Sowjetunion in Gefängnishaft oder in den Tod geschickt wurden. Auch Lange wartete hier auf seinen Prozess. »Wenn die Gefangenen in den besonderen Freiluftzellen auf dem Hof Luft schöpfen durften, überflogen oft westliche Flugzeuge das Gebiet. Wir hofften, wir würden fotografiert und reckten dann immer unsere Gesichter den ersehnten Kameras entgegen«, erinnerte sich Lange viele Jahre später. Doch »das waren nur vergebliche Hoffnungen oder blindes Vertrauen in die Fürsorglichkeit der Westmächte«.

Das Gericht Nummer 48248, das blutrünstigste aller bekannten sowjetischen Militärgerichte, tagte in der ehemaligen Gefängniskapelle. Hier erschienen am 1. September 1952 Lange und drei andere Häftlinge zu ihrer »Gerichtsverhandlung«. Auf dem Podium saßen drei Offiziere, ihre Richter. Außer ihnen, dem Militäranwalt und den Wachen war niemand sonst anwesend.

Lange dachte, die Beweise gegen ihn seien so dürftig, dass er mit fünfzehn Jahren Gefängnis davonkommen könnte. Die Richter-Offiziere berieten und kamen zurück in den Saal. Das Urteil wurde erst auf Russisch verlesen, dann auf Deutsch. Einer der vier bekam 25 Jahre, Lange und die beiden anderen wurden zum Tode verurteilt.

Die vier schwiegen. »Protestieren wäre sinnlos gewesen. Sie konnten mit uns machen was sie wollten«, so Lange. »Später erkannte ich, dass es alles eine einzige Farce war und nichts mit Justiz zu tun hatte. Die Urteile standen schon lange vor der Verhandlung fest. Sie hatten Normen zu erfüllen, mussten eine bestimmte Zahl Todesurteile aussprechen, unabhängig von der Sachlage.«

Die jungen Leute wurden wieder in ihre Zellen gesperrt und bekamen zwei Stunden Zeit, um Gnadengesuche zu verfassen. Am selben Abend gab Peer deren Namen und Strafen durch Klopfzeichen weiter und hoffte, andere Gefangene könnten irgendwie die Informationen an ihre Familien weiterreichen – was dann ein Jahr später auch geschah. Er wird nie einen Gefangenen vergessen, der aus seinem Zellenfenster schrie: »Lieber aufrecht sterben als auf den Knien leben!«

An diesem Punkt trennen sich das Schicksal meines Freundes Peer Lange und der Verlauf der alten Reichsstraße 1. Seine Reise in den erwarteten Tod erfolgte wie die zahlloser anderer Opfer der beiden totalitären Regimes des vergangenen Jahrhunderts in einem versiegelten Eisenbahnwaggon. Er und 24 andere Verurteilte wurden in russische Militärmäntel gesteckt und bekamen Mützen übergezogen, so dass niemand sie als Deutsche erkennen konnte. Dann wurden sie zu einem hinter hohen Mauern verborgenen Gleisanschluss gebracht, wo man sie in Gefangenenwaggons mit kleinen Einzelzellen verfrachtete, die außen sorgfältig als Postwagen getarnt waren. Diese wurden an einen Schnellzug angehängt und fuhren nach Moskau. Die Gefangenen lebten in ständiger Todesangst, sie wussten, dass sie erschossen werden sollten, nur nicht wann. Jeder Tag konnte ihr letzter sein. Mehrere von ihnen drehten durch. Einige verschwanden, und es wurde nie herausgefunden, ob sie hingerichtet wurden oder was sonst aus ihnen geworden ist.

Schließlich wurde Langes Strafe in Moskau zu 25 Jahren Lagerhaft umgewandelt, und er wurde zur Zwangsarbeit in den Gulag abtransportiert. In seinem Fall hieß das: Arbeit in den Kohlegruben von Workuta nördlich des Polarkreises. Er fragte sich oft, ob die Kontakte seiner Mutter zu den sowjetischen Militärbehörden geholfen hatten, ihm das Leben zu retten, hat dies aber nie genau erfahren. Sicherlich haben ihm die Ratschläge seines Vaters und sein christlicher Glaube den Verstand gerettet.

1955 erreichte Konrad Adenauer im Zusammenhang mit der Aufnahme diplomatischer Beziehungen zwischen der Bundesrepublik und der Sowjetunion, dass er und tausende andere Mithäftlinge zusammen mit den restlichen deutschen Kriegsgefangenen freikamen. Als sie im Durchgangslager Friedland eintrafen, waren die westdeutschen Behörden vom Auftauchen auch politischer Häftlinge überrascht und zeigten sich darauf unvorbereitet – so erinnnert sich Peer Lange. In den letzten Jahren hat er gemeinsam mit einigen Freunden Nachforschungen angestellt und ihre damaligen Wege verfolgt, um ihr eigenes Kapitel in der Nachkriegsgeschichte zu dokumentieren. Sie konnten nachweisen, dass in diesen Jahren 927 der deutschen politischen Gefangenen allein in Moskau hingerichtet wurden und viele weitere andernorts. Heute steht zum Andenken an diese ermordeten Deutschen ein Gedenkstein auf dem Moskauer Don-Friedhof. In Deutschland bleibt dieses Kapitel trotz aller Anstrengungen von Forschern und ehemaligen Häftlingen weithin unbeachtet und kaum gewürdigt.

Die dunklen Zeiten dieser Gegend Berlins endeten am Abend des 15. Januar 1990. Eine italienische Freundin, Emanuela Vesci, war dabei. Eine Demonstration vor dem Stasi-Gebäude war angekündigt, Emanuela sollte mit einer befreundeten Kollegin von mir dahin gehen, die aber im letzten Moment absagen musste. Sie ging also allein. »Ich nahm die U-Bahn und merkte, dass der Zug rappelvoll war. Als ich ausstieg, wurde ich von einem Strom von Leuten mitgezogen, alle schweigsam, alle sehr ernst. Ich folgte ihnen bis zum Eingang des Stasi-Gebäudes. Davor standen zwei bewaffnete Soldaten. Langsam, langsam gingen die Leute und ich mit ihnen vorwärts. Die Soldaten taten nichts. Die Tür war offen, und wir gingen einfach rein. Da waren Männer mit Kleinkindern auf den Schultern, Eltern mit Kindern, die Spielzeuge auf Rädern hinter sich herzogen. Alle waren gespannt, aber ruhig und sehr ernst.

Wir gingen durch den Eingang hinaus zum Hof. Auf der rechten Seite war die Polizeistelle, geschlossen. Drinnen saßen Polizisten, die nichts unternahmen. Ich glaube, dass einer lächelte. Die Leute gingen die Treppe des Gebäudes hinauf, ich folgte ihnen, auch wenn mir dämmerte, dass es vielleicht nicht ratsam war. Von draußen tönte es aus einem Lautsprecherwagen der Demonstranten: ›Nicht die Treppe hinaufgehen!‹ und ›Nichts berühren!‹ und ›Dieses ist eine friedliche Demonstration!‹

Ich sah, wie lange Streifen Papier, wahrscheinlich Papierrollen aus der Datenverarbeitung, aus den oberen Fenstern hinausgeworfen wurden. Ich sah keine Journalisten, keine Fotografen, nur ich habe geknipst, und jedes Mal, wenn mein Blitzlicht aufleuchtete, hatte ich Angst, dass man auf mich schießen könnte. Ich glaube, dass viele andere auch Angst hatten. Währenddessen bauten einige Demonstranten ein symbolisches niedriges Mäuerchen vor dem Eingang auf und stellten Kerzen darauf. Als wir herauskamen, waren die zwei Soldaten nicht mehr zu sehen.«

Eine »Stürmung« des Gebäudes, mit aufgetretenen Türen, zertrümmerten Scheiben und Akten, die durch die Luft geflogen sein sollen – wie in einigen Medien beschrieben –, hat Emanuela nicht gesehen. »Es war alles sehr ruhig, sehr friedlich.«

Seelow

Hinter den letzten Außenbezirken von Berlin, auf dem Weg in Richtung Oder, wird die alte Reichsstraße 1 wieder zu dem, was sie zur Zeit ihrer Benennung schon war, eine ziemlich ruhige, zweispurige, baumbestandene Allee. An dem kalten Februartag, an dem ich dort entlangfuhr, wirkte die Umgebung wie eine wahre Märchenlandschaft, die Bäume und Felder weiß verzaubert von pulvrigem Schnee. Es war fast unmöglich, sich hier die Hölle vorzustellen, die vor sechzig Jahren herrschte, als überall Granaten und Bomben explodierten, Dörfer brannten, Leichen an der Straße lagen und an den Bäumen hingen, Panzer und Militärfahrzeuge herumirrten, Flüchtlinge und tausende erschöpfte, verstörte Soldaten taumelnd gen Westen strebten.

Wir nähern uns den Seelower Höhen, dem Schauplatz einer der beiden letzten großen Schlachten des Zweiten Weltkriegs (neben der von Halbe, südöstlich von Berlin) und eine der blutigsten und brutalsten. Es gibt nur wenige Orte, die so lebhaft den unbeschreiblichen Horror des Krieges und den kriminellen Irrsinn der beiden Führer Hitler und Stalin vor Augen führen, die damals nutzlos Zehntausende in einen elenden Tod schickten. Schon vor Mitte April 1945, als diese Schlachten stattfanden, war der Krieg bereits unumkehrbar entschieden. Mit mehr Geduld und Besonnenheit wäre er auch zu Ende gegangen, vielleicht ein paar Wochen später, ohne dass noch so viele Menschen ihr Leben hätten lassen müssen.

Doch Stalin, so die Historiker, wollte Berlin unbedingt vor den Briten und Amerikanern einnehmen. Und seine Kommandeure wollten spätestens am 1. Mai dort sein, dem großen Festtag des Kommunismus. Der Diktator schickte seine beiden obersten Marschälle Schukov und Konjev gegeneinander in einen Wettlauf um die Einnahme der Stadt. Während Konjev von Süden aus vorging, sollte Schukovs Armee die Oder und das sumpfige Oderbruch durchqueren. Die Deutschen warteten bereits auf ihn bei den bewaldeten Steilhängen der Seelower Höhen und in den hastig errichteten Verteidigungsanlagen einige Kilometer westlich davon. »Höhen« ist dabei eher übertrieben: Heute wirken sie wie ein sanfter Abhang, der ideal für Kinder zum Schlittenfahren ist. Doch aus militärischer Sicht boten sie den Deutschen einen Vorteil, der eine Weile ihren hoffnungslosen Mangel an Treibstoff, Munition und ausgebildeten Soldaten wettmachen konnte.

Der Angriff begann am 16. April um vier Uhr morgens. Plötzlich erstrahlte blendendes Licht: 143 Flakscheinwerfer wurden von den Sowjets auf die Hügel gerichtet, während Bomben aus 40 000 Kanonen – die größte Salve im gesamten Krieg – die Erde zum Beben brachten. Die Scheinwerfer sollten die Deutschen blenden und verwirren, doch aufgrund des Rauches und des von der Kanonade aufgewirbelten Staubs irritierten sie die sowjetische Seite mindestens genauso stark.

Zwei Tage lang warfen die Sowjets eine Welle von Soldaten nach der anderen ins Gefecht, die alle von der deutschen Artillerie und Maschinengewehren niedergemäht wurden. Dabei waren nur wenige der Verteidiger erfahrene, kampferprobte Soldaten, es waren vielmehr alte Männer oder Jugendliche, die mit Autobussen oder zu Fuß an die Front gebracht worden waren, teilweise ohne Uniformen und oft zunächst ohne Waffen. Zu ihnen zählten auch Verwaltungsoffiziere, hochdekorierte Veteranen aus dem Ersten Weltkrieg, Frontuntaugliche, kurz: sämtliche Männer, die zu finden waren.

Irgendwo unter diesen befand sich Horst Kandar, damals 17 Jahre alt. Er und seine Kameraden waren aus der Luftkriegsschule in Berlin-Gatow abkommandiert worden. Sie hatten zuvor über wenige Tage eine Infanterie-Grundausbildung erhalten und waren dann zu Fuß in ihren blauen Luftwaffenuniformen von Gatow an die Front geschickt worden. Nach einer Jugend im nationalsozialistischen Deutschland, im Jungvolk und der Hitlerjugend, als Flakhelfer und im Arbeitsdienst war Horst Kandar ein hundertprozentiger Anhänger des NS-Regimes. »Wir kannten einfach nichts anderes«, meint er im Rückblick. Sie hatten keine Vorstellung, was auf sie zukam. »Wir dachten nur, dass der Führer von uns erwartete, dass wir halfen, den Karren aus dem Dreck zu ziehen. Es war das letzte Aufgebot.«

Die jungen Soldaten wurden den Einheiten in einem Schützengraben an einem flachen Hang zugeteilt. In etwa eineinhalb Kilometern Entfernung konnten sie in einer Senke ein verlassenes Dorf erkennen. In der Nacht zum 18. April hörten sie aus dem sowjetischen Lager die »Stalinorgeln« – Katjuscha-Raketenwerfer – pfeifen. Dann, kurz vor der Morgendämmerung, griff in einem Höllenlärm der Feind an. Bei Anbruch des Tageslichts sahen sie über den gegenüberliegenden Höhen sowjetische Panzer auftauchen, begleitet von Soldaten zu Fuß. Die jungen Verteidiger waren bewaffnet mit Karabinern und Panzerfäusten. Es gab keinen kompetenten Offizier, der ihnen gesagt hätte, was sie tun sollten; sie mussten kämpfen, so gut sie konnten. Am Waldrand hinter ihnen stand eine Panzereinheit der Waffen-SS mit einigen riesigen Königstiger-Panzern. Die Sowjets kamen unausweichlich näher, und die Deutschen mussten schließlich den Schützengraben verlassen und zurück zu der Waffen-SS-Einheit rennen. Zutiefst beschämt wegen ihres Rückzugs arbeiteten sie sich schließlich im Schutz der Panzer wieder vor. Sie schafften es, im Kampf Mann gegen Mann, den Schützengraben zurückzuerobern. Sie sprangen hinein – und landeten auf den Leichen ihrer Kameraden und der Sowjetsoldaten. Andere waren schwer verwundet, lebten aber noch. Niemand konnte ihnen helfen, denn wieder griffen die Sowjets an. Kandar feuerte eine Panzerfaust auf einen Panzer in der Nähe und setzte ihn – wie er später erfuhr – außer Gefecht. Doch wieder mussten die Deutschen sich zurückziehen. Auf dem Weg von einem Graben zum nächsten unterlief Kandar das Geschützrohr eines »Königstigers«, als dieser genau in dem Moment seine Kanone abfeuerte. Kandar platzte das Trommelfell, und er erlitt einen Schock.

Noch einmal versuchten sie ihren Graben, in dem immer mehr Tote lagen, zurückzuerobern. Und zum dritten Mal mussten sie sich in den Schutz der Waffen-SS zurückziehen. Ein SS-Führer wollte Kandar für seine Aktion gegen den sowjetischen Panzer belohnen, riss sein eigenes Eisernes Kreuz-Band aus dem Knopfloch seiner Uniform ab und steckte es Kandar an. »Das war etwas Kolossales für mich. Aber ich war in einem derartigen Schockzustand, dass ich es kaum wahrgenommen habe.«

Diesmal gab es kein Zurückerobern. Kandar, immer noch betäubt von dem Erlebten, wurde mit einigen seiner Kameraden, die ebenfalls am Ende ihrer Kräfte waren, westwärts geschickt. Nach einer Ruhepause in einem verlassenen Haus und einem Tag- und Nachtmarsch kamen sie nach Berlin. Dort wurde ihnen befohlen, eine Gruppe von kampfbesessenen 12- bis 14-jährigen Jungen im Straßenkampf anzuführen. Doch die wütenden Eltern dieser Kinder sperrten sie ein und weigerten sich, sie in einem solch irrsinnigen Versuch, eine schon verlorene Stadt zu retten, umbringen zu lassen. Kandar und seine Leute gaben auf.

Horst Kandars Geschichte ging noch sehr viel weiter: Er erzählte mir, wie er, hungrig und erschöpft, mit anderen westwärts trampte, den Amerikanern und Briten entgegen, und dabei knapp der Gefangennahme durch eine sowjetische Patrouille entging, wie sie bei der von den Amerikanern unterstützten Überquerung der Elbe auf einem Kahn von sowjetischen Flugzeugen aus beschossen wurden, wie sie in einem Kriegsgefangenenlager auf freier Wiese landeten und er selbst schließlich wegen seines jugendlichen Alters nach Hause nach Wilhelmshaven laufen durfte. Wie er dann, ein schnell gereifter Mann unter lauter Kindern, wieder die Schulbank drückte, um sein Abitur nachzumachen, und wie lange er brauchte, um seine nationalsozialistische Prägung loszuwerden und die Nachkriegsdemokratie anzunehmen.

Als er seine Erzählung beendet, wirkt Horst Kandar blass und erschöpft. »Ich habe nie so ausgiebig darüber geredet«, gesteht er. In den über sechzig Jahren seit der Schlacht hat er nie mit seiner Familie darüber gesprochen und nur ausnahmsweise einmal, bruchstückhaft, mit Freunden. Doch in seinen Alpträumen sind die Erlebnisse immer wieder zurückgekehrt.

Am 18. April gelang der Roten Armee der endgültige Durchbruch, und sie setzte sich in Marsch auf der Reichsstraße 1 in Richtung Berlin, wobei sie noch weitere heftige Kämpfe durchstehen musste. Schätzungsweise 30 000 Mann auf Seiten der Sowjets und 12 000 Deutsche waren allein bei dieser Schlacht ums Leben gekommen. Nicht alle hatte der Feind getötet. In der entsetzlichen Desorganisation und Konfusion wurden unzählige Männer auf beiden Seiten von der eigenen Artillerie niedergemäht, von eigenen Flugzeugen bombardiert oder von den eigenen Panzern mit ihrem sehr geringen Sichtfeld zermalmt. Viele andere auf beiden Seiten wurden wegen »Feigheit« oder als Deserteure erschossen beziehungsweise erhängt – sie sahen es als sinnlos an, ihr Leben zu riskieren, wo der Krieg doch bald zu Ende sein würde. Das Gemetzel war aber noch nicht beendet. Bis zur Einnahme von Berlin sollten noch einmal 100 000 Rotarmisten und 60 000 Deutsche sterben.

Die Schlacht auf den Seelower Höhen war die größte auf dem Gebiet des heutigen Deutschland. Hier machte Hitlers Reich seinen letzten verzweifelten Versuch, die drohende Niederlage abzuwenden. Hier liegen heute die Überreste zahlloser Soldaten unter der Erde, Deutsche, Sowjets und Angehörige anderer Nationen, die an den Kämpfen beteiligt waren. Und hier können wir heute die ständig wechselnde Erinnerungspolitik der nachkommenden Generationen nachverfolgen.

Als Erstes ließ Marschall Schukov noch 1945 auf der Südseite der alten R 1 ein riesiges Denkmal zu Ehren der gefallenen Sowjetsoldaten errichten. Erst 1972 wurde eine deutsche Gedenkstätte eröffnet, die, wie in der DDR nicht anders zu erwarten, auf einseitige Weise die sowjetkommunistische Sichtweise vermittelte. Nach der Wende wurde die Gedenkstätte verändert; der Schwerpunkt lag nun bei der Wehrmacht. Es wurde in erster Linie eine militärhistorische Ausstellung, hauptsächlich interessant für die überlebenden Teilnehmer dieser Schlacht. Dennoch scheinen auch viele andere Besucher tief betroffen von der Ausstellung und dem dort gezeigten Film »Nie wieder Krieg!« – das zeigen die Kommentare im Besucherbuch. Auch Präsident Bush und sein Irakkrieg sowie die Entscheidung, deutsche Truppen zu Auslandseinsätzen zu entsenden, werden hier bitter angegriffen. »Wird die Menschheit nie aus der Geschichte lernen?«, fragen einige.

Aber es gibt auch andere Kommentare: »Wo bleibt das große Denkmal für die deutschen Soldaten?« Und: »Bedenkt endlich, Ihr Deutschen! Die übergroße Masse des deutschen Heeres kämpfte für ihre Heimat, für ihre Frauen, für ihre Kinder, für ihre Mütter! ... Hört endlich auf, euch vor den Siegern in den Staub zu werfen!« »Nichts begriffen und dazugelernt«, so der Kommentar eines anderen Besuchers zu diesem Eintrag. »Tief verneige ich mich vor den gefallenen deutschen Soldaten, die hier in den Seelower Höhen ihr junges Leben gaben gegen die bolschewistische Übermacht. Sie gaben ihr Leben für uns.« Über diesen Eintrag schrieb jemand: »Ich ekle mich vor Deutschen Ihres Schlages!!!«

Was kann eine Ausländerin dazu sagen? In einem anderen Land würden Soldaten, die ihre Hauptstadt vor der Invasion eines Feindes verteidigen, ganz natürlich als Helden gefeiert und mit einem Denkmal geehrt werden. Kein Zweifel auch, dass viele der deutschen Soldaten, die tapfer bei Seelow kämpften, dies für ihre Frauen und Kinder taten und auch für ihr Land. Doch weil dies so vollkommen untrennbar verbunden ist mit einem kriminellen Regime, das den Krieg begonnen hatte, konnte ihr Opfer nicht gewürdigt werden. Diese Tatsache ist meiner Ansicht nach eine der Tragödien des letzten Jahrhunderts – die so lange einer natürlichen, gesunden Zuneigung zum eigenen Land, zur eigenen Nation im Weg gestanden hat. Jemand von außerhalb kann die Deutschen um ihr schwieriges Verhältnis zu ihrem Vaterland nicht beneiden.

Momentan scheint der Seelower Gedenkstätte erneut ein Perspektivwechsel bevorzustehen. Je weniger Menschen noch am Leben sind, die den Krieg selbst erlebt haben, umso mehr möchte der jetzige Leiter, Gerd-Ulrich Herrmann, den zukünftigen Generationen ein realistisches Bild davon vermitteln, was er für die Soldaten bedeutete, damit der Horror des Krieges niemals vergessen wird. Und er möchte die Ereignisse auch noch in einen weiteren Zusammenhang stellen und zeigen, wie der Krieg das Gesicht Europas veränderte, zur Vertreibung von Millionen Menschen, Grenzverschiebungen und zur Teilung Deutschlands führte.

Unter all seinen vielen Museen hat Deutschland kein einziges, das sich dem Krieg selbst widmet, führt Herrmann weiter aus. Hier, am Ort einer der größten und wichtigsten Schlachten, wäre ein idealer Platz dafür. Sein Projekt würde jedoch den Rahmen und zweifellos auch das Budget der Gedenkstätte sprengen, die derzeit vom Kreis Märkisch Oderland unterhalten wird, und so sucht Herrmann Unterstützung beim Bund. Man kann ihm dabei nur Glück wünschen.

Gerald Ramm kümmert sich ebenfalls um den Erhalt der Erinnerung an diese Kämpfe. Geboren im nahegelegenen Woltersdorf, ein paar Kilometer südlich der alten R 1, packte ihn bei einem Besuch im alten Ostpreußen und der Besichtigung der »Wolfsschanze« (Hitlers bunkerartigem Hauptquartier im Ostfeldzug) das Interesse am Krieg und dessen Hinterlassenschaften. Er bat seine Großväter, ihm davon zu erzählen. Der eine meinte nur kurz: »Das geht dich gar nichts an!« Der andere erzählte ihm, was er wusste, aber schärfte ihm ein: »Junge, erzähle davon aber nichts in der Schule!« Als gelernter Elektroingenieur nahm er freiwillig an Arbeiten teil, auftauchende Überreste von Soldatenleichen zu identifizieren und für deren Bestattung zu sorgen. Dabei lernte er vielleicht mehr als jeder andere im Bezirk über den Krieg in Brandenburg und Berlin. Nach der Wende wechselte er den Beruf und gründete ein Bestattungsunternehmen, wobei er sich auch weiterhin um die Leichen der Gefallenen kümmerte. Als in den 1990er Jahren die alte R 1 im Bereich Seelow ausgebaut wurde, rief man ihn zur Bergung der Überreste von 195 Personen. »Und die lagen nur in einem Streifen von je drei Metern zu beiden Seiten der Straße – überlegen Sie bloß, wie viele das in einem Streifen von 200 Metern wären!«

Ramm veröffentlichte auch Bücher und Artikel über den Krieg in dieser Gegend, darunter »Gott mit uns«, eine informative und wertneutrale Sammlung von Berichten früherer Soldaten über ihre eigene Rolle bei der Schlacht an den Seelower Höhen. Auch wenn das Buch nicht viel zur Politik- und Militärgeschichte beiträgt, enthüllt es doch die sie begleitenden entsetzlichen menschlichen Erfahrungen. Während die Gedenkstätte Seelow Schulklassen, Veteranen verschiedener Nationen und Besucher von nah und fern anzieht, ist Gerald Ramm in der örtlichen Bevölkerung eine eher einsame Figur. Seine Anstrengungen um eine objektive Aufarbeitung dieses Kapitels der Geschichte wurden in der Region nur kühl aufgenommen. »Es ist erschreckend, wie geschichtslos unsere Gesellschaft ist«, sagt er. »Die Leute, die hier wohnen, wissen überhaupt nichts über jene zwölf unseligen Jahre und wollen nichts davon wissen. Es ist, als ob alles ganz weit weg von uns wäre.«

Zu Zeiten der DDR wurden Informationen über den Krieg extrem verzerrt. Die Wende, so Ramm, habe zunächst ein neues Interesse an der Vergangenheit geweckt. Die Leute sahen die Ehrenkränze auf den Gräbern der Sowjetsoldaten und fragten sich: »Wo sind die anderen geblieben?« Sie wollten beide Seiten der Geschichte kennen. Jetzt war es möglich zu sagen, dass auch die Russen schreckliche Verbrechen begangen hatten.

Inzwischen aber hat sich all das erneut geändert. »Ich hatte zweimal den Verfassungsschutz im Haus. Sie wollten wissen, warum ich mich mit diesem Thema befasse. Warum Bilder aus der NS-Propaganda in meinen Büchern stehen.« Anders als bei Herrn Gelderblom in Hameln war sein historisches Wissen nicht gefragt, nur seine technische Expertise – die Polizei unterhielt sich beispielsweise mit ihm darüber, wie man menschliche Überreste datiert und identifiziert. In einem Dorf in der Nachbarschaft ließ eine Gemeindeverwaltung Kriegsgräber zerstören, darunter auch solche, die die Namen von toten Soldaten trugen, und setzte an ihre Stelle ein anonymes Denkmal für die »Kriegsopfer«. Als Ramm protestierte, sagte man ihm: »Für Faschisten machen wir keine Gräber.« Einige der Soldaten waren Mitglied der SS gewesen, obwohl sie erst 18 oder 19 waren, als sie starben. »Wir sind dort angelangt, wo wir vor 1989 waren, mit der Zensur. Die Leute sind verblendet worden vom System. Es ist erschreckend, wie massiv der Widerstand geworden ist.«

Mit dem Ergebnis, dass Herr Ramm die Bestattung von Überresten von Soldaten eingestellt hat. Er schreibt immer noch Bücher, die von wenigen hier in der Gegend gelesen werden, veröffentlicht aber keine Artikel mehr in der Lokalpresse, die viele lesen. Er muss an sein Geschäft denken. Wenn er über gewisse Dinge schreibt, bleibt ihm die Kundschaft unter den »Roten« weg. Schreibt er über anderes, kommen die Rechten nicht. Deshalb meint er: »Lieber lasse ich die Finger davon weg.«

Von Seelow ist es nur eine kurze Fahrt durch das Oderbruch, einst ein ausgedehntes Sumpfgebiet, nur am Rande von Fischern bewohnt, heute weites, flaches Agrarland. Im Süden liegt der Reitweiner Sporn, eine Erhebung, von der aus man das ganze Oderbruch überblickt und von wo Marschall Schukov seine Truppen dirigierte. Und schon bald ist man an der Oder selbst, diesem großen Fluss, der einst mitten durch Deutschland floss und der, als Ergebnis des Alptraums, dessen letzte Sequenzen sich hier abspielten, nun seine östliche Grenze ist.

KAPITEL 8

Unterwegs im Zeitraffer

Ob man wohl sagen könnte, dass der Osten hier beginnt? Die Polen würden dieser Vorstellung heftig widersprechen. Trotz eines halben Jahrhunderts unter kommunistischer Herrschaft sind sie durch ihre katholische Tradition und ihre Kultur eindeutig ein Teil des »Westens«. Außerdem macht allein schon der Grenzübergang am Ostufer des Flusses deutlich, dass man hier von einem Land der Europäischen Union in ein anderes fährt.

Die Oder ist also nicht länger eine Trennlinie zwischen West und Ost. Jahrzehntelang war diese Grenze jedoch, gewöhnlich als Oder-Neiße-Linie bezeichnet, politisch und emotional eine offene Wunde in Europa, eine Grenze, die erst 1970 vom westlichen Deutschland anerkannt und 1990 vertraglich in internationales Recht gegossen wurde.

An diesem Fluss stehend kommen einem die vergangenen sechzig Jahre auf merkwürdige Weise komprimiert vor, wie auf einen Augenblick zusammengeschrumpft. Es scheint noch gar nicht lange her zu sein, dass sich hier die Leute von den zwei Hunden erzählten, die sich auf einer Oderbrücke begegneten – vielleicht war es die der alten R 1 –, der eine auf dem Weg von West nach Ost, der andere in die Gegenrichtung. Der eine fragte: »Warum um alles in der Welt willst du ausgerechnet in die DDR?« Der andere antwortete: »Damit ich endlich einmal richtig fressen kann! Aber warum willst du ausgerechnet nach Polen?« – »Damit ich endlich einmal richtig bellen kann!«

Und doch ist seit diesen Zeiten, als ein relativer Wohlstand im kommunistischen Ostdeutschland einer relativen Meinungsfreiheit im kommunistischen Polen gegenüberstand (die Betonung liegt hier auf »relativ«), viel Wasser die Oder hinuntergeflossen, heute dominieren den Alltag auf beiden Seiten die Schwierigkeiten, die man mit den Vorteilen und Problemen hat, die sich aus der Freiheit und schnellen Verwestlichung ergeben haben.

Mythen und Meilensteine

Die Strecke, die nun vor mir lag, hatte mir im Vorhinein am meisten zu schaffen gemacht. Lange hatte ich gezögert, diesen Abschnitt in Angriff zu nehmen, starr wie ein Kaninchen vor der Schlange. In der Geschichtserfahrung meiner Heimatinsel gibt es so eine Gegend nicht. Wenn Größe und Form eines Landes unwandelbar durch das Meer bestimmt sind, erfordert es eine große Anstrengung sich vorzustellen, wie das wohl ist mit Grenzen, die über Jahrhunderte ständig über die Landkarte hin- und hergeschoben werden. An einer Wand im alten Bundestagsgebäude in Bonn hing eine Reihe von – ich glaube, es waren sechs – Landkarten, die Deutschland in seinen unterschiedlichen politischen Formen zu verschiedenen Zeiten der Geschichte zeigten. Ich habe immer wieder fasziniert diese Karten betrachtet und mich gefragt, ob diese »geografischen Wandlungen« nicht zumindest teilweise zur Leidenschaft der Deutschen für Sicherheit, Ordnung und Vorhersagbarkeit beigetragen haben.

Und wie soll erst ein armer Ausländer die Geschichte dieser Gegend nur ansatzweise erfassen? Wem »gehörte« wann welcher Schnipsel all dieser Gebiete? Wer hat wann wem was angetan? Und wie viel davon ist überhaupt wahr? In der Wirkung fast noch entmutigender als die verzwickte Geschichte sind die Mythen. Jede Nation hat ihre Mythen. Wir Briten haben König Artus und seine Ritter der Tafelrunde, und wir bilden uns auch weiterhin stolz ein, dass wir immer schon ein wehrhaftes, unabhängiges Land waren. Tatsächlich stammen sogar wir von »Kontinentalen« ab und waren über Generationen nichts weiter als ein unbedeutendes Anhängsel von – *horribile dictu!* – Frankreich. Doch unsere Mythen beschränken sich wenigstens auf Bücher und Klassenzimmer. Hier jedoch, und stärker noch als auf den westlichen Abschnitten der alten R 1, stößt man unentwegt auf Mythen, die nationale Schicksale bestimmten, Kriege am Lodern hielten und Hass hervorbrachten, die für Verfolgung und zahllose Tote verantwortlich waren. Mythen, die Historiker für begraben betrachten mögen, die aber dennoch von Zeit zu Zeit immer wieder aus ihren Gräbern aufsteigen.

Das einzig Vernünftige, so meine Schlussfolgerung, wäre es, die Vergangenheit den Gelehrten zu überlassen, die derzeit fleißig an mythen- und ideologiefreien Studien über diese östlichen Lande arbeiten. Ich selbst musste zunächst einmal von der Tatsache ausgehen, dass nach einem verheerenden Krieg die allermeisten der deutsch sprechenden Einwohner aus diesen Gebieten entweder flohen oder vertrieben wurden, dass nach viel Angst und Unsicherheit unter den Polen die Grenze nun auf ewig festgeschrieben ist und jeder, wenn auch nicht immer glücklich, so doch immerhin in Frieden leben kann.

Doch man kann das Erbe der letzten 800 Jahre nicht aus der Realität des Landes und dem Alltag der Menschen ausradieren, die es heute bewohnen. Ich wollte auch sehen, was von der Vergangenheit übrig geblieben ist und wie die Menschen heute damit umgehen. Untersuchungsgegenstand Nummer 1 lag gleich um die Ecke. Wenn man sich hinter der Oderbrücke gleich rechts hält und hinter dem Restaurant parkt, gelangt man zu Fuß in eine merkwürdige Wildnis voller Unkraut und Schutt und sollte sich auf einen wirklichen Zeitschock gefasst machen. Denn wären hier nicht die wuchernden Pflanzen, die sich von selbst über all die Mauerreste verteilten, wäre nicht alles so vernachlässigt und würden nicht die Hinweisschilder fehlen (obwohl offensichtlich das eine oder andere für Sommertouristen aufgestellt wurde), man könnte sich leicht in Ostia Antica wähnen, dem antiken Hafen von Rom, oder in den ausgegrabenen Ruinen jeder beliebigen anderen Stadt der Antike. Die geraden, engen Gassen sehen aus, als wäre hier so mancher Ochsenkarren oder antike Streitwagen durchgerumpelt. Doch das Kreuz, das sich über einer der Ruinen erhebt, sorgt dafür, dass das Zeitgefühl wieder zurückkehrt: Hier stand noch vor kurzem eine Kirche. Durch diese Straßen fuhren Autos. Die Kacheln, die man erblickt, stammen von Villeroy & Boch. Dies ist nicht die Antike. Dies sind Ruinen der Neuzeit.

Hier, wo die Warthe in die Oder mündet, stand bis 1945 die preußische Festungsstadt Küstrin. Einige der damaligen Einwohner leben heute noch. Kinder meines Jahrganges sind hier durch belebte Straßen zur Schule gegangen, an Läden und Kneipen vorbei. Ihre Mütter kauften auf dem Markt ein, kochten das Mittagessen und führten eigentlich ein ganz normales Leben, bis – ja, bis sie eines Tages vor den erbitterten Kämpfen zwischen Wehrmacht und Roter Armee fliehen mussten. Diejenigen, die blieben, wurden später vertrieben, und – so groß war der Hass – die Überreste der Altstadt bis auf die Grundmauern geschleift. Nur noch niedrige Gemäuerreste, Hauseingänge, Treppenstufen ins Nichts und das Kopfsteinpflaster der Straßen sind übrig geblieben. Sogar das Schloss wurde zerstört, in dem am 6. November 1730 der spätere Friedrich der Große als junger Mann auf Befehl seines tyrannischen Vaters, König Friedrich Wilhelm I., der Enthauptung seines geliebten Freundes und Gefährten Hans Hermann von Katte zusehen musste: Es war die Strafe für ihren gemeinsamen Fluchtversuch.

Nur eine Ecke der Küstriner Altstadt ist noch gut erhalten. Die Nordspitze wurde in eine sowjetische Kriegsgedenkstätte umgewandelt, die erste von Schukovs insgesamt dreien auf dem Weg nach Berlin (die zweite befand sich, wie erwähnt, in Seelow, die dritte im Tiergarten in Berlin). Hier steht ein hoher Fahnenmast inmitten von Gräbern sowjetischer Soldaten, kurzgeschnittenem Rasen und gepflegten Büschen. Den Rest hat man bewusst verfallen lassen. Die Polen sprechen heute davon, die Altstadt wiederaufzubauen. Der deutsche »Verein für die Geschichte Küstrins« mit Sitz am anderen Oderufer ist strikt gegen diese Idee. »Alt-Küstrin ist von Bedeutung, so wie es ist, weil man hier die Zerstörung des Krieges sieht«, meint der Vorsitzende des Vereins, Martin Rogge. »Es sprechen die Steine. Etwas Neues wäre komplett künstlich. Und wer sollte da wohnen, wo so viele Menschen aus der Gegend wegziehen?« In den letzten Jahren hatte man begonnen, einige Häuser am Rand der Straße wiederaufzubauen, sie wurden aber nicht fertig gestellt. Jetzt verkommen sie wieder zu Ruinen.

Die Polnische Fernstraße 22, die Hauptverbindung von Küstrin zur nächsten größeren Stadt, Gorzów Wielkopolski, früher Landsberg an der Warthe, folgt nicht dem alten Verlauf der R 1. Stattdessen muss man nach der 132 suchen, heute eine Nebenstraße. Nach einer Reihe von Fehlversuchen fanden wir – mein polnischer Dolmetscher Jędrzej Marzewski und ich – die Straße und reisten auf ihr weiter in Richtung Nordosten, also Richtung Ostsee.

Nach nur fünfzehn Kilometern stößt man auf Untersuchungsobjekt Nummer 2. Als im Mittelalter deutsche Siedler in diese Gegend kamen, ließen sie sich oft in der Nähe einer bereits bestehenden slawischen Siedlung nieder und bearbeiteten das Land, das dort noch brachlag. Im Laufe der Jahrhunderte entstanden so Dörfer oder Kleinstädte mit zwei Zentren. Auf der alten R 1 kommt man hier nun an einer verstreuten Ansammlung von unauffälligen grauen Häusern vorbei; am Ende stehen eine Kirche und ein Friedhof. Das Dorf heißt Kamień Mały, früher Kleincammin, und man könnte leicht achtlos daran vorbeifahren, gäbe es da nicht eine beträchtliche Zahl Storchennester. Kamień Mały ist zusammengewachsen aus ursprünglich vier winzigen Siedlungen, darunter laut Angaben von Wissenschaftlern mindestens einer slawischen. Biegt man links in eine kleine Straße und fährt ein Stück hügelan, kommt man nach Kamień Wielki oder Großcammin, das einen ganz anderen Charakter hat. Hier stehen Häuser im preußischen Stil, einige erst in den letzten Jahren liebevoll restauriert, andere noch verfallen, eine Schule, ein kleiner Teich und ein ehemaliges Schloss, heute Wohnheim für Behinderte, mit einem Park im englischen Stil, der, so steht auf Schildern zu lesen, einst von Lenné entworfen wurde. Kamień Wielki war zweifellos einmal deutsch. Drei Ziegen grasen am Teich, die Störche jedoch bevorzugen eindeutig Kamień Mały.

In Kamień Mały fällt am Rande der alten R1 ein polnisches Ehepaar mit seinem Sohn Bäume. Sie haben keine Ahnung, dass dies hier einmal eine deutsch-slawische Doppelsiedlung war. Tatsächlich wissen sie überhaupt nichts von der Geschichte des Ortes. Die Eltern kamen nach dem Krieg aus der Ukraine hierher, und sie meinen, sie hätten im Dorf nie einen Deutschen gesehen (außer denen, denke ich, die mit dem Auto durchfahren). Sie haben zwar davon gehört, dass während der Vertreibung ein Deutscher dableiben durfte, der den neu eingetroffenen Polen den Betrieb der Ziegelfabrik hinten an der Straße erklären musste. Aber wenn wir mehr über diesen Ort wissen wollten, sollten wir mit einem Heimatforscher in Witnica sprechen, der kenne sich mit all diesen Dingen aus.

Und schon kurz danach sitzen wir in dem engen Wohnzimmer von Zbigniew Czarnuch, einem kleinen, freundlichen Herrn Mitte siebzig, mit störrischem, weißem Haar. Wir könnten ihn als Nummer 3 in der Reihe unserer Untersuchungsobjekte beziehungsweise Zeitzeugen bezeichnen. Der Raum ist voller Bücher und Zeitungen, und in der Ecke steht ein deutscher Kachelofen. Zbigniew Czarnuch kam 1945 als fünfzehnjähriger Jugendlicher mit seinen Eltern nach Witnica. Bis ein paar Monate zuvor hatte die Kleinstadt Vietz geheißen, und es gab noch einige Deutsche hier, die nun die Straßen fegen mussten. Der junge Zbigniew hatte kein besonderes Mitgefühl für sie. Als er neun war und seine Familie in Panik vor der deutschen Armee fliehen musste, ging sein Vater in den polnischen Untergrund und lebte seitdem in ständiger Furcht, in einem KZ zu landen. Zbigniew hatte gesehen, wie sich der Himmel von deutschen Flugzeugen dunkel färbte und Bomben Gebäude in der Nähe ihres Verstecks verwüsteten. Er hatte gesehen, wie deutsche Soldaten seine jüdischen Nachbarn zusammentrieben. Und man hatte ihm erklärt, dass die Deutschen immer schon, seit der Zeit der Kreuzritter, versucht hätten, Polen von der Landkarte zu tilgen. So erschien es nur recht und billig, dass man sie aus den von ihnen »widerrechtlich besetzten« Gebieten vertrieb und die Polen wieder Anspruch erhoben auf das, was – so hieß es und wurde auch fest geglaubt – »wiedergewonnene Gebiete« waren. So zog auch Zbigniew als Anführer einer örtlichen Pfadfindergruppe durch die Straßen, um Vietz/Witnica zu polonisieren. Sie rissen Schilder von deutschen Geschäften und deutsche Straßenschilder herunter, schwangen Pinsel und Meißel, um sämtliche deutschen Inoder Aufschriften zu übermalen oder abzuklopfen, damit die polnische Bevölkerung sich in ihrer neuen Umgebung wohler fühlen könnte.

Zbigniew trat der Partei bei, wurde Funktionär und Geschichtslehrer, lebte in verschiedenen Gegenden Polens, kehrte schließlich aber wieder nach Witnica zurück. Als kurz nach der Wende das Reisen zwischen West und Ost wesentlich leichter wurde, kam eine ältere Dame in die Stadt und wollte den Bauernhof besichtigen, wo sie als Kind gelebt hatte. Es stellte sich heraus, dass es sich um das Haus handelte, in dem damals Zbigniew lebte. Er zeigte ihr das Haus, und als sie in sein Arbeitszimmer kamen, begann sie zu weinen. »In diesem Raum wurde ich geboren«, erklärte sie. Zbigniew Czarnuch war tief bewegt. »Es war ein besonderer Moment für mich«, so erinnert er sich heute. Er begann, sich intensiv für die Geschichte des Ortes zu interessieren, startete Nachforschungen und lernte Deutsch.

Der Heimatforscher Czarnuch holt nun aus zu einem langen Vortrag über die Vergangenheit, über die ersten Einwohner, Menschen der Vorgeschichte, über deren Herkunft niemand etwas weiß. Über die verschiedenen Prinzen, Bischöfe und andere Herrscher, Pommern, Schlesier, Sachsen, Polen, die kämpften und stritten um den Besitz dieser Gegend. Über Klöster und Burgen, Marktflecken und Fischerdörfer – »Kietze« –, über sich ständig ändernde Grenzen, über Ritter, die durchzogen und solche, die blieben. Darüber, wie die Region germanisiert wurde und wie deutsche Beamte sie verwalteten. Und dann kommt er zum Krieg, und die Stadt ist, wie viele andere, voller Kriegsgefangener und Zwangsarbeiter aus dem Osten. Und schon sind die Russen hier, nicht lange, nur zwei oder drei Wochen, doch die Gewalt, die Brutalität ist schrecklich, schlimmer als alles andere in der gesamten Geschichte. Ganze Familien begehen Selbstmord. Dann spricht die Verwaltung polnisch, und ganze Zugladungen treffen ein von ukrainischen Polen, die aus ihrer Heimat in der bis dahin polnischen Westukraine (dem ehemaligen k. u. k.-Galizien) vertrieben wurden oder nicht bleiben und Sowjetbürger werden wollten, und Polen, die aus dem Krieg zurückkehren. Die Deutschen, deren Familien seit Jahrhunderten in Vietz gelebt haben, bekommen zwei Stunden, um ihre Taschen zu packen und sich auf dem Schulhof zu versammeln. Dann müssen sie, Alte, Kranke, Frauen und kleine Kinder, zu Fuß losziehen in Richtung Küstrin. Auf dem Weg rauben ihnen Polen ihr Gepäck. Elend und Hass sind unbeschreiblich. Als er vom Schicksal der Deutschen erzählt, füllen sich die Augen von Zbigniew Czarnuch, der einstmals versuchte, jedes Zeichen deutscher Vergangenheit aus dem Stadtbild zu entfernen, mit Tränen.

Die älteren Menschen, die heute hier leben, haben keine Wurzeln. »Die alte Generation hat kein Heimatgefühl«, so Czarnuch. »Aber die hier geborene junge Generation hat ihre Wurzeln und ihre Heimat hier. Hier sind sie zu Hause, und diese Generation hat Interesse für die Vergangenheit der Neumark«, sagt er. »Diese Leute hier sind jetzt die regierende Generation.«

Czarnuch machte sich also daran, etwas über die Geschichte der Region und des Ortes herauszufinden. Das Rathaus mit den örtlichen Archiven war im Krieg abgebrannt, also musste er sich hilfesuchend nach Deutschland wenden. Und Hilfe wurde ihm reichlich gewährt. Er stieß auf eine Sammlung von Zeitungen, die sich als entscheidend für seine Nachforschungen erwies, und er lernte Menschen kennen, die in Vietz gelebt hatten oder viel darüber wussten. Bei dieser Arbeit gewann er viele neue Freunde.

»Kommen Sie mit und schauen Sie!« Er bugsiert uns kurzerhand aus der Wohnung und quer durch die Ortsmitte. Wir erreichen einen attraktiven Park – der auf den zweiten Blick sehr ungewöhnlich erscheint. Czarnuch nennt ihn einen »Wegweiser-Park«, er soll den Einwohnern die Geschichte ihrer Stadt zeigen. Da gibt es prächtige alte, preußische Postmeilensteine von der R 1, Überreste der ersten Eisenbahn in dieser Gegend, das erste Dampfboot, ein altes Mühlrad und eine Gaslaterne, Grenzpfosten und viele andere faszinierende Relikte. Das Herz des Parks bildet ein blatt- und astloser Baumstamm aus Bronzeblech mit verschiedenen Schildern, ein Wegweiser. Er zeigt in die Richtung von Städten im Osten, aus denen die heutigen Bewohner kamen, und nach Städten im Westen, in denen die früheren Einwohner gelandet sind. Alle Ortsnamen sind in ihren deutschen, polnischen und russischen Versionen geschrieben. Pflastersteine auf den Zugangswegen tragen weitere Namen, »ein Symbol für die Veränderung der Kultur in diesem Gebiet«, erläutert Czarnuch. Dieser Park verdankt seine Existenz hauptsächlich der Vision eines Mannes. Zbigniew Czarnuch hat Witnica seine Geschichte zurückgegeben.

In Gorzów Wielkopolski trifft die alte R 1 wieder auf die polnische Fernstraße 22. Auf langen Abschnitten ihres Weges von Berlin ostwärts ist sie immer noch eine prächtige Allee und stellenweise eine der reizvollsten Straßen, die ich je gesehen habe. Viele von den Bäumen dürften seit jeher hier stehen. So bezaubernd und romantisch die Alleen wirken – sie sind gefährlich für zu schnelle Autos unserer Zeit. Ursprünglich sind sie jedoch aus praktischen Gründen angelegt worden, wie mir einmal ein freundlicher Straßenbauhistoriker erklärte: Die Bäume markierten die Straßenränder und leiteten die Reisenden bei Nacht, Schneefall oder Nebel – schließlich hatten Pferdekutschen und die ersten Automobile noch keine Scheinwerfer. Und die Bäume spendeten Schatten, nicht nur für Mensch und Tier, sondern vor allem für die Fahrbahn, die in den Zeiten vor Teer und Asphalt in der heißen Sommersonne leicht rissig wurde und aufbrach.

Apropos Tiere: Was ist eigentlich mit den sogenannten Sommerwegen geschehen? Die alten Straßen – Chausseen, wie man sie in Preußen nannte – bestanden nämlich aus zwei Teilen: Es gab eine etwa fünf Meter breite befestigte Straße für Motorfahrzeuge. Und daneben, aber immer noch zwischen den Bäumen, verlief oft ein Sommerweg, etwa drei Meter breit und aus gestampfter Erde. Letzterer wurde zu Pferd genutzt, mit Kutschen oder Ochsenwagen auf dem Weg zum Markt oder zum Treiben von Kuh- oder Schafherden. Die weichere Spur soll notwendig gewesen sein, weil die Tiere, übrigens auch manche Pferde, nicht beschlagen waren.

Auf der gesamten Länge der alten R 1 bin ich nicht ein einziges Mal auf einen Sommerweg gestoßen. Inzwischen sind überall zwei Fahrspuren asphaltiert. Ich war zu spät, leider, wenn auch nicht viel. Noch vor wenigen Jahren, so erklärte mir ein Historiker, gab es auf dem Abschnitt zwischen Kostrzyn und Wałcz noch einen Sommerweg. Ich vermisste auch die Chausseehäuser, kleine einstöckige, in der Mitte etwas höhere Kabäuschen, wo Beamte Wegezoll von den Reisenden kassierten. Doch es gibt sie noch, und wenn man es weiß – ich wusste es damals nicht –, dann kann man immer noch eine ganze Reihe davon an diesen alten Abschnitten der R 1 ausmachen.

Je weiter die Straße von Gorzów nach Wałcz und weiter nach Chojnice (Konitz) führt, desto seltener fährt man durch Dörfer und Kleinstädte und desto mehr Störchen begegnet man. Über lange Strecken fährt man durch Wald. Die Gegend ist eher flach und fast schon ein bisschen langweilig, im Gegensatz zur Geschichte der unterschiedlichsten Menschenschläge, die sich hier früher einmal begegneten. Ein kurzer Umweg bringt uns zum Schloss Tuczno (Tütz), umgeben von Wald und zwei Seen. Schon im 14. Jahrhundert wurde mit seiner Errichtung begonnen, und dann hat man viele Jahrhunderte immer weiter angebaut. Inzwischen ist das Schloss ein wahrer Stil-Mischmasch von der Gotik bis zur Renaissance. Im Krieg wurde es schwer zerstört und in den 1960er Jahren von der polnischen Architektenvereinigung im damals angesagten Stil wiederaufgebaut und renoviert. Heute ist es ein Hotel.

Tuczno ist ein kleines Beispiel dafür, warum Fremde diesen Teil der Welt so verwirrend finden. Die Lehnsherren, die von Wedels (gelegentlich auch Wedell geschrieben), die 1338 von Brandenburg aus kamen und einer vormals slawischen Gemeinde aufgezwungen wurden, wandelten sich bald zur Familie Wedel-Tucziński; der Stammbaum führt die Namen Maciej und Stanislaus ebenso auf wie Hasso und Christoph. Sie standen mit den polnischen Königen auf genauso gutem Fuß wie mit den Preußen. Die Gemeinde führte ihren eigenen kleinen zehnjährigen Mini-Glaubenskrieg, nachdem einer der Wedels entschieden hatte, alle sollten sich der Reformation anschließen, und daraufhin sein Enkel die Gegenreformation ausrief. In der reich verzierten Kirche erzählt uns der Priester lebhafte Geschichten über einen anderen Priester, der einst die Preußen verjagte, einen dritten, der von Napoleons Truppen getötet wurde und schließlich noch über einen vierten, der wegen seiner Predigten gegen Hitler festgenommen worden war und dessen Gemeinde sich gegen die Deutschen auflehnte, indem sie ihnen keine Milch mehr ablieferten. Am Ende wurde Tuczno, das zweimal die Pest, mehrere Kriege, Plünderungen und Feuersbrünste überstanden hatte, 1945 zerstört. Außer Burg und Kirche blieb nur wenig von der Altstadt erhalten.

Die Wedel-Tuczińskis sind nicht die einzigen, in deren Familiennamen sich die ehemalige ethnische Vielfalt dieser Region widerspiegelt. »Die Deutschen hießen Kaminski, Tomaschewski und Kossakowski, und die Polen Lebrecht und Germann«, schrieb Johannes Bobrowski über das Dorf, in dem sein Roman »Levins Mühle« spielt. In dem Buch lag das Dorf am Unterlauf der Weichsel, aber auch anderswo kann es nicht viel anders ausgesehen haben. Die Deutschen in dem Roman teilten sich wiederum auf in Evangelische, Baptisten, Adventisten, Sabbatarier, Methodisten und Mennoniten. Und dann gab es noch die Juden wie den unglückseligen Levin, dessen Mühle von dem brutalen, rassistischen Großvater des Erzählers zerstört wurde, und Zigeuner wie Levins Freundin Marie und den Geigenspieler Habedank. Ich erinnere mich nicht, ob auch noch Kaschuben vorkamen, denn davon gab es viele im Norden, und das bis heute.

In diesem Dorf, wie sicher in vielen anderen, hatten die Deutschen das Sagen. Und der Leser empfindet höchste Genugtuung, als sich gegen Ende der Geschichte die Unterdrückten zusammenschließen und ihre Herren, einschließlich dem verhassten Großvater, achtkantig aus der Dorfkneipe hinauswerfen.

Wałcz

Auf dem (heute) deutschen Teil der alten R1 kamen einem Backsteinhäuser als etwas Selbstverständliches vor, sie gehörten einfach dazu. Östlich der Oder gewinnen diese Gebäude eine neue Bedeutung. Jedes Backsteinhaus, jede derartige Kirche oder Schule (außer, aber das ist sehr selten, sie sind ultramodern und daher polnisch) signalisiert, dass diese Gegend einmal deutsch war; diese Häuser sind Teil der Vergangenheit. Und man beginnt, dieses Mauerwerk mit anderen Augen zu sehen. Bedauerlicherweise sind Ziegelmauern so merkwürdig unfotogen; außer auf Meisterfotografien sehen sie einfach nur rot, flach und hart aus. Und doch können diese Mauern, die uns während unserer Reise immer wieder begegnen, die unterschiedlichsten Stimmungen ausstrahlen. Insbesondere bei alten Kirchen können sie äußerst weich und warm wirken, geradezu glühen im Sonnenschein. Die dunklen, glänzenden Backsteinmauern alter preußischer Kasernen dagegen wirken oft streng und abweisend. Und im Zustand des Verfalls bei alten, verlassenen Häusern erinnern sie manchmal an aufgetrennte Wolle. Viele Backsteingebäude, wie die Kirche auf dem Marktplatz von Wałcz, ehemals Deutsch Krone, haben Einschusslöcher, Erinnerungen an den Krieg, der die deutsche Herrschaft über dieses Gebiet beendete. Und in himmelstrebenden gotischen Backsteinkathedralen kann dieses bescheidene Material so atemberaubend schön sein wie gemeißelter Stein.

Auch die Polen wurden von den Ziegelbauten an die deutsche Vergangenheit erinnert, und ebenso wie Zbigniew Czarnuch versuchte, in Vietz alle deutschen Spuren zu beseitigen, zerstörten viele Kommunalbehörden nach dem Krieg eifrig die Backsteingebäude, zumindest die, die man nicht brauchte. Heute weht ein anderer Wind, zumindest 2005, als ich selbst in Wałcz war. Wir stießen auf ein gewaltiges Gymnasium in Backsteingotik des 19. Jahrhunderts, das gerade prachtvoll renoviert worden war. Ich musste selbst in einem solchen Gebäude zur Schule gehen und war erstaunt, dass diese Architektur auch schön aussehen kann. Mit wie viel Liebe und Sorgfalt war dieses alte Mauerwerk gesäubert und restauriert worden! Die alten Heizkörper waren repariert und neu gestrichen, sogar die alte Deckenmalerei und die Dielenböden exakt so wiederhergestellt, wie sie bei der Einweihung 1903 ausgesehen haben dürften. Doch am verblüffendsten war für mich die Restaurierung der Wandgemälde im reinsten deutschen Jugendstil. Im Eingangsbereich grüßen Hänsel und Gretel und andere Märchenfiguren, und die Flurwände zieren deutsche Sinnsprüche in gotischer Schrift. »Darüber wurde ziemlich lange diskutiert. Es gab Leute, die meinten, wir sollten das alles übermalen«, erinnert sich der Hausmeister. Doch die Denkmalschützer konnten sich durchsetzen, und die Schüler von Wałcz werden – vorausgesetzt, man bringt ihnen auch bei, sie zu verstehen – nunmehr erbaut von Zeilen wie »Ein' feste Burg ist unser Gott« und »Morgenstund' hat Gold im Mund«.

Von nun an bis ans Ende unserer Reise befinden wir uns im Land der Kreuzritter. Praktisch jede Stadt hier hat oder hatte einst ihre Burg, die ebenso wie die Kirche von den Rittern des Deutschen Ordens erbaut worden war. In Człuchow besichtigten wir die Überreste einer solchen Wehranlage. Junge Leute richteten gerade eine Ausstellung mit mittelalterlichen Kunstgegenständen, Rüstungen, Keuschheitsgürteln und Folterinstrumenten ein – Relikte einer weit entfernten und schwer zu verstehenden Vergangenheit, die die Menschen bis heute fasziniert. Die Ruinen der Burg waren gerade restauriert worden, finanziert – wie man einer Plakette an der Wand entnehmen konnte – von einer Organisation, die bei der Rettung vieler der wertvolleren historischen Gebäude in der Region eine wichtige Rolle gespielt hat: der Stiftung für deutsch-polnische Zusammenarbeit.

Diese Organisation hat eine weitaus interessantere Geschichte als ihr Name vermuten lassen würde. Sie hat ihre Wurzeln in der politischen »Reformperiode« des polnischen Kommunistenführers Edward Gierek in den siebziger Jahren. Die Bundesrepublik hatte damals dem Land einen hohen Kredit von einer Milliarde DM gewährt, den die Polen nur schwer zurückzahlen konnten. In einer Vereinbarung mit der ersten nachkommunistischen polnischen Regierung erließ Bonn 1989 einen Teil der Schulden, und der Rest von 570 Millionen DM wurde in diese Stiftung umgewidmet, die nunmehr Aktivitäten von beiderseitigem Interesse in Polen finanzieren sollte, zum Beispiel den Unterricht der deutschen Sprache, Jugendaustausch, wirtschaftliche und wissenschaftliche Studien – und die Restaurierung von Gebäuden. Und so wurden viele Schlösser, Burgen, Kirchen, Schulen und besonders interessante Wohnhäuser entlang unserer Strecke und anderswo in Polen gerettet und mit Hilfe dieses Fonds restauriert.

Leider war ich gerade zur Ferienzeit in Wałcz und konnte mich nur mit dem Hausmeister des erwähnten Gymnasiums unterhalten. Nur allzu gerne würde ich einmal einen der Geschichtslehrer treffen oder, lieber noch, mich in seinen Unterricht setzen. Denn ich wäre neugierig, wie die Polen heute mit ihren eigenen Mythen und Legenden umgehen, darunter auch dem von den Deutschen Ordensrittern.

Denn ebenso wie die Deutschen später die Arminius-Geschichte aufbauschten und verzerrten, um sie an ihre Wunschbilder anzupassen, gingen die Polen lange Zeit mit den Rittern des Deutschen Ordens um. Was die Römer für die alten Germanen waren, das waren die Deutschen für die Polen – mit dem einen Unterschied, dass wir heute keinen schriflichen Beleg darüber haben, was die Germanen wirklich über die Römer dachten, während die Polen das, was sie von den Deutschen hielten, in Millionen von Wörtern festgehalten haben.

Gut 350 000 von diesen Wörtern umfasst Henryk Sienkiewiczs Roman »Die Kreuzritter« (*Krzyzacy*). Geschrieben anno 1900 und schier endlos lang, ist das Buch immer noch eine hervorragende Lektüre, wenn man mutige, starke, heldenhafte und ritterliche polnische Edelmänner, schöne, schmachtende Heldinnen und arrogante, blutrünstige und verräterisch-treulose Bösewichte mag, wobei Letztere natürlich die Ritter des Deutschen Ordens sind. Die ganze Geschichte endet 1410 mit der Schlacht bei Tannenberg (die Polen sagen bei Grunwald) und dem Sieg der polnischen, litauischen und tatarischen Heere über die Ritter.

Natürlich ist nicht alles in diesem Buch nur Schwarz-Weiß-Malerei. Dafür war Sienkiewicz, der 1905 den Literaturnobelpreis erhielt, ein viel zu guter Schriftsteller. In seinem Roman kommen auch gute und ehrliche Ritter und gierige und rohe Polen vor. Auch sind nicht alle Ritter Deutsche, und Sienkiewicz merkt, wahrscheinlich ziemlich korrekt, an, dass an der Schlacht 22 Volksstämme beteiligt waren. Dennoch sind alles in allem die Deutschen »die Bösen«, rauben ein hübsches Adelsfräulein, blenden und verstümmeln ihren Vater, reißen anderen die Zunge heraus, verbünden sich sogar mit dem Teufel und überhaupt: unterjochen alle anderen.

Tatsächlich waren diese Ritter jedoch genauso wenig »deutsch« wie die Germanen in Kleists »Hermannsschlacht«. Es war ihre Fähigkeit, die deutsche Sprache zu sprechen, die sie in die Lage versetzte, ihre ursprüngliche Mission zu erfüllen, nämlich sich um die verwundeten und kranken deutschsprachigen Teilnehmer an den Kreuzzügen ins Heilige Land zu kümmern. Doch schon damals und erst recht später, als der Orden mehr und mehr zu einer militärischen Organisation geworden war, hatten die Ritter oft Schwierigkeiten, ihre einzelnen Sprachvarianten zu verstehen. Wichtiger als ihre geografische Herkunft war ihr sozialer Status: Die Ritter mussten vor allem erst einmal adlig sein. Heutzutage zeichnen Wissenschaftler ein deutlich anderes Bild vom angeblich blutrünstigen und gewalttätigen Verhalten der Ritter in dieser Region.

Dennoch hatte 2006 die Warschauer Regierung der Zwillinge Lech und Jarosław Kaczyński im Verbund mit Andrzej Lepper wieder eine bemerkenswerte Feindseligkeit gegenüber Deutschland gezeigt und geradezu hysterisch auf den Vorschlag eines »Zentrums gegen Vertreibungen« oder eine unbedeutende Bemerkung in einem Zeitungsartikel reagiert. Könnte es sein, dass trotz Schulbuch- und anderer Komitees das Bild des »bösen Deutschen« immer noch fortlebt, das ursprünglich von den Erfahrungen mit den Ordensrittern herrührte und seitdem viele Male, insbesondere während des Dritten Reichs, multipliziert wurde? Während gewisse deutsche Mythen in die Katastrophe geführt haben, trugen polnische Mythen über Jahrhunderte zum

Überleben der Nation bei. Vielleicht könnte es deshalb schwieriger sein, sie zu zerstören.

»Wenn die Kaczyńskis glauben, sie könnten antideutsche Ressentiments ausschlachten, dann sind sie auf dem falschen Dampfer«, meint Kostek Gerbert, ein führender polnischer Zeitungskolumnist. Seit Mitte der 1980er Jahre hätte sich die Einstellung der Polen gegenüber den Deutschen stetig verbessert. Diese Entwicklung führt er weniger auf die massive Unterstützung Polens durch Regierung, Gewerkschaften oder Kirchen in der BRD zurück, sondern vor allem auf die unspektakuläre Hilfe zehntausender einzelner deutscher Familien, die (vielleicht auf Drängen der Kirchen, Gewerkschaften oder anderer Hilfsorganisationen) während der harten Jahre, vor allem zu Beginn der 1980er Jahre, Pakete mit Lebensmitteln und anderen Mangelwaren an einzelne polnische Familien schickten. »Es war nicht so sehr das gespendete Geld, das die Leute beeindruckte, sondern die Vorstellung, dass einzelne Deutsche Sachen kauften, ein Paket zurechtmachten, es zur Post brachten und an polnische Familien schickten, die sie noch nie gesehen hatten.« Diese Form der Hilfe machte zwar nur einen winzigen Teil der deutschen Hilfe aus, war aber psychologisch der weitaus wichtigste. »Das Stereotyp des abgrundtief bösen Deutschen war erschüttert.«

Auch Sienkiewiczs »Kreuzritter«-Roman gehört nicht mehr zur Pflichtlektüre in der Schule, wie Gebert erklärte. »Das Buch wurde zusammen mit allerlei anderen Sachen einfach ausrangiert.« Heute könnten polnische Schüler mit diesen alten Vorurteilen nichts mehr anfangen, »für sie ist Deutschland einfach ein anderes Land in Europa«. Das soll nicht heißen, dass es nie wieder zu antideutschen Ressentiments kommen kann. »Das ist immer noch möglich, aber wohl nur innerhalb einer klar umrissenen, strukturell antideutschen Minderheit.«

Die Brücken von Dirschau

Bei ihrem Weg in Richtung Weichsel und deren weiten Überschwemmungswiesen führt die polnische Fernstraße 22 schnurgerade auf eine lange, moderne Brücke südlich einer Uferstadt namens Tczew zu. Zur Zeit der alten R 1 existierte diese Brücke noch nicht. Die Straße machte damals einen Bogen und wandte sich erst nordwärts, führte durch die Stadt, die damals Dirschau hieß und schwenkte dann rechts über eine bemerkenswerte eiserne Brücke. Anschließend bog die Straße nach Süden ab, um dann ihren alten Lauf aufzunehmen und weiter ostwärts nach Marienburg und Elbing zu führen. Die alte Brücke, die erste Eisenbrücke auf dem europäischen Kontinent, galt und gilt mit ihrem feingliedrigen Gitternetz immer noch als ein Prunkstück der Ingenieurskunst des 19. Jahrhunderts. Eine zweite Brücke für die Eisenbahnlinie steht parallel zu der ersten vierzig Meter flussabwärts. Weil heute die Hauptstraße an Tczew/Dirschau vorbeiführt, werden viele eilige Reisende die beiden Brücken verpassen, die zu Beginn und am Ende des Zweiten Weltkriegs Schauplatz dramatischer Ereignisse waren.

Es war vor dem Morgengrauen am 1. September 1939, dem Tag des deutschen Überfalls auf Polen. Die Weichsel bildete damals die Grenze zwischen Polen und dem Gebiet der Freien Stadt Danzig. Die polnische Armee hatte die Brücken vermint. Ein Güterzug mit darin versteckten Wehrmachts-Pionieren näherte sich, gefolgt von einem mit Panzern beladenen. Ziel war es, die Brücken zu besetzen, bevor sie gesprengt werden konnten. Um 4 Uhr 43 nahmen Sturzkampfbomber das Gelände rings um die Brücken unter Beschuss und beschädigten die Zündkabel für die Sprengsätze. Polnische Eisenbahnarbeiter, denen der Güterzug verdächtig vorkam, verständigten sogleich die Armee, die hastig die Leitungen reparierte. Um 6 Uhr 30 wurden die Brücken gesprengt, große Teile von ihnen stürzten in die Weichsel. Die Zerstörung konnte die deutsche Invasion Polens jedoch nicht aufhalten. Tatsächlich halten einige Historiker eher diesen Vorfall als den Beschuss der Westerplatte im Hafen von Danzig durch das Schulschiff Schleswig-Holstein, der am gleichen Tag um 4 Uhr 45 begann, für die erste Kampfhandlung des Zweiten Weltkriegs.

Machen wir einen Zeitsprung in den Januar 1945. Es war bitterkalt, etwa 30 Grad unter Null, und der Schnee reichte bis an die Baumkronen. Der Kanonendonner kam immer näher, Rauchsäulen stiegen auf von brennenden Städten und Dörfern. Von Osten und Süden rückte die Rote Armee vor. Die Eisenbahnbrücke war wiederhergestellt und diente nun auch dem Straßenverkehr – sie war jetzt die einzige Brücke im gesamten Bereich der nördlichen Weichsel. Von Osten her liefen drei Straßen, die R 1 und zwei weitere, vor der Brücke zusammen. Sie waren übervoll mit Menschen, die sich dunkel gegen den Schnee abzeichneten, dazu Pferde und Wagen, Tausende und Abertausende, bis zu den Augen vermummt gegen den beißenden Wind und verzweifelt auf der Flucht vor den sowjetischen Truppen.

Chaos herrschte am Zugang zur Brücke, wo jede der drei Kolonnen den Fluss überqueren wollte. Es schienen nur wenige Soldaten und keine Parteifunktionäre in der Nähe zu sein. Von Zeit zu Zeit versuchte einer der Flüchtlinge, den Verkehr zu lenken und etwas Ordnung zu schaffen, musste sich dann aber doch in aller Eile seiner Wagenkolonne anschließen, um nicht allein zurückzubleiben.

Karl und Johanna Sasse, ostpreußische Gutsbesitzer aus Sabloczyn nahe der damaligen polnischen Grenze, hatten schon zwei Tage und eine Nacht auf die Überquerung der Brücke gewartet; in quälender Langsamkeit kam ihr Treck nur zentimeterweise voran. Sie waren zusammen mit ihrer Familie, ihren Landarbeitern und vielen Trakehnerpferden aus ihrer wertvollen Zucht, die die Wagen zogen. Bis zur Krone des Dammes, der parallel zur Weichsel lief, waren sie bereits vorgerückt in der Hoffnung, nun schneller zur Brücke voranzukommen. Das war auch tatsächlich der Fall, doch der Pfad entlang des Deiches war spiegelglatt, und alle Insassen der Wagen mussten aussteigen und die Pferde am Kopf führen, damit sie nicht abrutschten und die vollbeladenen Wagen mit sich in die Tiefe rissen.

Endlich erreichte der Treck aus Sabloczyn die Brücke – alle, bis auf den letzten Wagen. Dieser, gefahren von einem der Landarbeiter, war, als er zu folgen versuchte, von einem mit zwei schweren Ermländer-Pferden bespannten fremden Planwagen vom Weg abgedrängt worden, mit der drohenden Gefahr, für immer vom Treck abgeschnitten zu werden. Johanna Sasse sprang von ihrem Wagen, packte die beiden Ermländer am Kopf und schrie ihrem Kutscher zu: »Wenn du nicht sofort kommst, bleibst du zurück!« Wutentbrannt brüllte der Mann von dem fremden Planwagen: »Lassen Sie meine Pferde los!«, und schwang drohend seine lange Peitsche. Johanna schreckte entsetzt zurück, ließ aber die schweren Pferde nicht los, bis ihr eigener Treckfahrer fluchend den Anschluss erreichte.

Beim Überqueren der Brücke bemerkte Johanna kleine wurstförmige Gegenstände, die an der Brücke befestigt waren. »Was ist das?«, fragte sie ihren Mann. »Sprengkörper«, antwortete dieser. »Oh Gott, ich hoffe, wir schaffen es mit den Kindern!«, rief sie, entsetzt von dem Gedanken, dass ihre beiden Kinder, zweieinhalb und vier Jahre alt, die weiter vorne im Wagen eines ihrer Kutscher waren, zu Waisen werden könnten.

Hinter der Brücke wandte sich der Treck nordwärts in Richtung Ostsee, etwa eine Dreiviertelstunde später hörten sie hinter sich eine gewaltige Explosion. Die Pferde scheuten und schlugen in Panik aus. Die Wehrmacht hatte die Brücke gesprengt. Jene

Dreiviertelstunde, so wurde Johanna Sasse später klar, hatte ihr Schicksal bestimmt. Für sie bedeutete es, den Westen erreichen und sich ein neues Leben aufbauen zu können. Die Zurückgebliebenen hatten kaum noch Hoffnung auf Rettung und sahen Vergewaltigung, Gefangennahme, Deportation oder dem Tod entgegen. In der kommenden Nacht bombardierten sowjetische Flugzeuge die wartenden Flüchtlinge an der Brücke.

Die Marienburg

Endlich steht sie vor uns, diese gigantische Zitadelle, thront leuchtend im Abendlicht über dem Fluss Nogat. Die Straße kommt leicht von Süden auf die Burg zu, und man muss erst das Städtchen durchqueren, um sie zu erreichen. Auf dem Weg hielt ich Ausschau nach Überresten der Altstadt. Dabei kam ich an etwas vorbei, was eine der größten architektonischen Beleidigungen sein dürfte, die ich je gesehen habe. Das alte, deutsche Rathaus aus dunklem Ziegelstein hat die Zeit überlebt, aber ist total verkommen und offensichtlich ungenutzt. An der Wand hat man eine Gedenktafel für Angehörige der polnischen Widerstandsbewegung angebracht. Unmittelbar neben dem Rathaus stehen zu beiden Seiten brutale Beton-Wohnblocks aus der Ära des Kommunismus, ohne jeden Versuch, die Bau-Stile miteinander zu versöhnen. Man kann geradezu hören, wie die Wohnblocks dem Rathaus zuraunen: »Du bist Teil der bösen Vergangenheit. Dies ist unser Land, und *uns* gehört die Zukunft.«

Die Marienburg selbst ist in der Tat erstaunlich. Obwohl so vieles im Lauf der Jahrhunderte beschädigt und entstellt wurde, insbesondere im letzten, und obwohl so vieles wiederaufgebaut ist, wenn auch nicht immer sehr sorgfältig, muss man doch bewundern, wozu die Kriegermönche des Deutschen Ordens in jenen weit entfernten Zeiten fähig waren. 1274 wurde sie als Festungs- und Klosterbau begonnen und dann noch zweimal von den Rittern gewaltig erweitert und zum Sitz des Hochmeisters auserkoren. Später, in den Händen von Polen, Preußen und wieder Polen, wurde sie mehrmals beschädigt, geplündert, zum Teil abgebrannt, umgebaut, abgerissen und wieder renoviert und aufgebaut. Keine Restaurierung oder noch so starke politische Vereinnahmung konnte die klösterliche Atmosphäre zerstören – eine Atmosphäre, die mich, das muss ich gestehen, unmittelbar an die älteren Oxford-Colleges oder Elite-Internate zu Hause erinnerte.

Und politische Vereinnahmungsversuche gab es mehr als genug. Zweifellos erreichte hier der Missbrauch des Deutschen Ordens für nationalistische Zwecke neue Höhen – oder vielmehr Tiefen. Dazu mussten nicht erst die Nationalsozialisten kommen. Schon um die vorletzte Jahrhundertwende hatte Kaiser Wilhelm II. die Marienburg zu einer seiner Residenzen gemacht, er besuchte sie angeblich etwa fünfzigmal. Dabei brachte er bereits jene Gesinnung zum Ausdruck, die Hitler und seine Gefolgsleute später dankbar aufgriffen und auf die Spitze trieben. Im Jahre 1902 hielt der Kaiser einen Festakt in der Marienburg mit einer Parade von als Ordensritter kostümierten Soldaten und echten Mitgliedern des Deutschen Ordens, die eigens für diese Veranstaltung aus ihrem Hauptquartier in Wien hergebracht worden waren. Er nutzte die Gelegenheit, zu erklären, dass das Deutschtum einmal mehr durch Polen bedroht sei – die Erklärung führte in Polen und andernorts zu einem Sturm der Entrüstung. Acht Jahre später, 1910, sprach er anlässlich eines Festmahls in der Burg von »diesem gewaltigen Bauwerk, ein äußeres Zeichen der Macht und Fülle, die in dem Deutschen Orden sich ausdrückte, die große Quelle, von der aus die deutsche Kultur über die Ostlande sich ergoss, fürwahr eine staunenswerte Arbeit unter unendlichen Schwierigkeiten ...« Interessanterweise vergaß der Kaiser zu erwähnen, dass sich in eben jenem Jahr zum fünfhundertsten Mal die endgültige Niederlage des Deutschen Ordens in der Schlacht bei Tannenberg jährte. Die Polen – die zu dieser Zeit keinen eigenen Staat hatten – erinnerten sich sehr wohl daran mit patriotischen Feierlichkeiten, bei denen sie unter anderem in Krakau eine Statue für den siegreichen König Jagiełło errichteten.

Die Phantasien des Kaisers waren nichts im Vergleich zu denen von Alfred Rosenberg, einem frühen Nazi-Ideologen, der sich selbst in der Rolle des Historikers gefiel. In einer langen, ausschweifenden Rede im Festsaal der Burg zeichnete er 1934 ein komplett neues Bild des Ordensmeisters Hermann von Salza, der den Orden hierher gebracht hatte. In Rosenbergs Darstellung war Salza nicht einfach der kluge Hochmeister, der dem Ruf des polnischen Herzogs Konrad von Masowien, die heidnischen Prussen zu bezwingen und zu christianisieren, nur unter der Bedingung gefolgt war, dass der Orden im Gegenzug Land bekommen sollte. Nein, jetzt war er einer der größten Staatsmänner der deutschen Geschichte, einer, dem klar geworden war, »dass die Macht des deutschen Kaisers in Italien nur gehalten werden konnte, wenn Kern-Deutschland eine wirkliche Sicherung vor den herandrängenden Mächten des Ostens besaß«. »Und so«, fuhr Rosenberg fort, »entstand im Kopfe Hermann von Salzas der Gedanke einer Ausweitung und Sicherung des deutschen Lebensraumes.« In seiner Rede entwarf er das Bild eines mittelalterlichen Nazis.

Noch zwei andere Hochmeister, führte er weiter aus, hätten ebenfalls die deutsche Sache vorangebracht und dabei genau jene Eigenschaften gezeigt, die die Nationalsozialisten von ihren Vorbildern verlangten: der »bis zum Tode pflichtgetreue Hermann Balk, der sein ganzes Leben im unerbittlichen Ringen um jeden Fußbreit des neuen Bodens hinbrachte«, und Heinrich von Plauen, der die Marienburg während der Belagerung verteidigte, die auf die Niederlage bei Tannenberg folgte. »Mit dem festen Willen zu sterben oder zu siegen, hielt dieser Mann die Festung und rettete noch einmal den deutschen Orden vor einer tödlichen Umklammerung.« In deutschen Schulen müssten, so Rosenberg, diese Gestalten »lebenswarm geschildert« werden, »um die großen Menschen der Vergangenheit wieder wirksam für die Gegenwart werden zu lassen«.

Heutzutage scheint es unvorstellbar, dass irgendjemand diese oder andere Überzeugungen der Nazis ernst nehmen konnte. Doch ein kurzer Umweg von nur vierzehn Kilometern nördlich der Marienburg macht deutlich, wie blind und willig viele an sie geglaubt und wie sie diese in die Tat umgesetzt haben. Eine kleine Nebenstraße, die 55, bringt uns nach Stegna an die Küste der Danziger Bucht, dann biegen wir nach rechts ab auf die Küstenstraße nach Sztutowo. Schon allein der Klang des ehemaligen deutschen Ortsnamens lässt viele erschauern – Stutthof.

Dort liegt das gleichnamige Konzentrationslager bis heute, umgeben von Kiefernwäldern zwischen der Straße und dem Meer. Die schwarzen Wachttürme stehen noch, die hohen Stacheldrahtzäune, das Kommandantenhaus und einige der Baracken. Das alles ist jetzt ein Museum. Doch auch saniert und gedenk-verwaltet, ist es immer noch ein grauenvoller Ort. Am verstörendsten wirkten auf mich allerdings nicht die »Operationstische«, wo den Häftlingen tödliche Spritzen verabreicht wurden, nicht die Fotografien von Insassen mit kahl rasiertem Kopf und eingefallenen Wangen, nicht einmal der Platz für die Leichenverbrennungen, die Krematorien und all die anderen Zeugnisse von Bestialität und Mord. Es waren vielmehr die Fotografien der gutgenährten SS-Offiziere und Wachen (einer davon Max Pauly, Gemischtwarenhändler aus Dithmarschen und erster

Lagerkommandant, der – wie wir auf unserer Reise bereits erfahren haben – später, 1946, in Hameln hingerichtet wurde). Auf den Fotografien begegnen uns Gesichter, wie sie heute Bankangestellte, Lehrer, Kleinhändler, Bauern, Versicherungsvertreter haben. Sie könnten unsere Väter sein, unsere Onkel – wir selbst könnten es sein.

Egal, wie sehr man zu verstehen versucht, wie »es« damals geschah, auch wenn man versucht, sowohl die fernen Ursprünge ebenso wie die jüngeren Ereignisse nachzuzeichnen, die zu diesem kollektiven Wahnsinn führten, es bleibt weiterhin schwierig, sich vorzustellen, dass ganz gewöhnliche Menschen zu solch abscheulichen Verbrechen fähig waren. Was hätten wir getan, wenn wir damals in Deutschland gelebt hätten?

In Stutthof lernte ich zwei junge Deutsche kennen, Steffi Seibert und Johnny Zuber. Sie arbeiteten dort für ein Jahr als Freiwillige der Aktion Sühnezeichen Friedensdienste (ASF), einer Organisation mit christlichen Wurzeln, die sich einsetzt für Versöhnung, Dialog und Verständnis zwischen verschiedenen Völkern, Generationen, Kulturen und Religionen. Sie informierten Besuchergruppen, zum Beispiel Schulklassen und Mitglieder kirchlicher Organisationen, über verschiedene Aspekte des Lebens in Stutthof. Außerdem besuchten sie ehemalige Insassen, die in der Gegend von Gdańsk und Stutthof leben, redeten mit ihnen, brachten ihnen Neuigkeiten, gingen für sie einkaufen oder mit ihnen spazieren. Im Sommer veranstalteten sie ein zweiwöchiges »Camp«, ein Arbeits- und Begegnungstreffen für jugendliche Freiwillige. In diesem Jahr entfernten die jungen Leute das Unkraut von einer überwucherten Fläche in dem Bereich »Neue Küche« und stellten eine Gedenktafel auf. Das Gebäude, das früher hier stand, war gegen Ende des Krieges gebaut, aber nie eingerichtet oder in Betrieb genommen worden. In den letzten Monaten wurden dort etwa 50 000 Juden aus anderen Lagern zusammengepfercht, weil das Lager selbst bereits voll war.

Steffi, 20 Jahre alt, als ich mit ihr sprach, hatte sich entschlossen, ein Jahr zwischen Abitur und Studium der Arbeit in Stutthof zu widmen, nachdem die Mitarbeit an einem Dokumentarfilm für Schüler über das Lager Buchenwald ihr Interesse an dem Thema Holocaust geweckt hatte. Die Erfahrung, insbesondere die Kontakte mit den nun schon älteren ehemaligen Insassen, erwies sich als prägend. Sie möchte später Gerontologie und Politikwissenschaft an der Universität Heidelberg studieren und zukünftig in der Altenpflegeausbildung tätig sein.

Trotz des Namens »Sühnezeichen« empfindet sie selbst in keiner Weise, dass sie persönlich für die Verbrechen in Stutthof büßt. »Man kann nicht büßen für etwas, was man nicht getan hat«, meint sie. »Aber man kann zeigen, dass man verantwortungsbewusst mit der Geschichte umgeht. Man kann dafür arbeiten, dass das alles nicht vergessen wird, damit es nie wieder passiert.« »Außerdem«, fügte sie noch hinzu, »ist es wichtig, den ehemaligen Insassen zu zeigen, dass der Faschismus in Deutschland keinen Platz mehr findet, und ihnen ein ganz anderes Deutschlandbild zu vermitteln.«

Elbing

Elbing, eine alte Hansestadt, die heute Elbląg heißt, hat während des Zweiten Weltkriegs und danach ganz offensichtlich furchtbar gelitten, doch ihr alter hanseatischer Charakter kommt allmählich wieder zum Vorschein. Die schmalen, hohen Kaufmannshäuser werden restauriert oder wiederaufgebaut. Manche davon sind wirklich bezaubernd geraten, während bei anderen die alte Architektur in einer Weise »interpretiert«

wird, an die man sich, um es vorsichtig auszudrücken, gewöhnen muss.

Hinter Elbląg mäanderte die R 1 in sanften Kurven in nordöstlicher Richtung ungefähr parallel zum Frischen Haff, wobei sie nur zweimal auf die Küste traf, in Frombork (Frauenburg) und etwas später in Ushakovo (Brandenburg), letzteres bereits im heute russischen Teil Ostpreußens. Von Elbląg aus schlängelt sich aber eine noch kleinere Straße direkt am Haffufer entlang und stößt hinter Tolkmicko (Tolkemit) wieder auf die alte R 1. Während eines Umwegs auf diesem Sträßchen stießen wir auf einen Ort, dessen Name, Kadyny, mir etwas zu sagen schien. Beim Anblick des Dorfes kam mir alles geradezu bekannt vor, es handelte sich offensichtlich um ein ehemals gut geführtes preußisches Rittergut, in das der Eigentümer einst eine erhebliche Summe investiert hatte, um mit Ziegeln aus der nahen Ziegelei solide, attraktive Häuser, eine Schule, eine Schmiede und andere Einrichtungen, die zu einem properen Anwesen gehören, zu bauen. Interessanterweise herrschte eine geradezu englische Atmosphäre. Das Gut blieb augenscheinlich das letzte halbe Jahrhundert weitgehend verschont, und zudem wurde ein großer Teil in jüngster Zeit herausgeputzt. Die Verwaltungsgebäude beherbergen jetzt einen »Country Club«, in den Ställen und auf den Weiden stehen Pferde, und eines der Gebäude ist ein attraktives kleines Hotel geworden. Nur das Schloss wirkt unbewohnt. Das merkwürdige königliche Flachrelief mit Flaggen an der Hauptfassade liefert schließlich den Schlüssel zu seiner Geschichte: Hier war einst Gut Cadinen, über viele Jahre die geliebte Sommerresidenz von Kaiser Wilhelm II., Kaiserin Auguste Viktoria und ihrer zahlreichen Kinder. Womöglich hier in der Ziegelei oder aber ganz in der Nähe wurden auch die Cadiner Majoliken gebrannt, die dann nach Berlin an Georg Wertheims Warenhaus geliefert wurden.

Doch nun zurück auf die R1, und schon bald sind wir in Gronowo, dem ehemaligen Grünau, wo die polnisch-russische Grenze unsere Fahrt unterbricht.

KAPITEL 9

Königsberg/Kaliningrad

Fängt hier der Osten an? Auf den ersten Blick sieht es nicht so aus. Auf der polnischen Seite wirkt die Grenzübergangsstelle in Gronowo zum russischen Verwaltungsbezirk Kaliningrad klein und ziemlich gewöhnlich, gerade so wie jeder Übergang im Westen. Trotz Warnungen vor endlosen Schlangen warten nur wenige Fahrzeuge hier, und fast könnte man denken, dass die Hölle der Grenzübergänge am Eisernen Vorhang endgültig der Vergangenheit angehört. Außer dass man aus unerklärlichen Gründen nicht zu Fuß hinüberdarf, nur im Wagen. Da ich mit unserem Leihwagen nicht passieren durfte, musste ich von hier nach Kaliningrad mit der Bahn reisen.

Als ich ein paar Tage später auf der Rückreise in einem Minibus, begleitet von einem halben Dutzend Russen – die meisten von ihnen auf der Rückfahrt von Kaliningrad nach Berlin, wo sie leben und arbeiten –, wieder im Grenzort Gronowo ankomme, sieht das ganz anders aus. Ich hatte mich schon gewundert, warum mir die Minibus-Firma nicht genau sagen konnte, wann wir in Berlin ankämen. In Gronowo wurde mir klar, warum.

Eine Stunde verfloss, dann eine weitere. An der Grenze herrschte wenig Betrieb; andere Fahrzeuge, die nach uns kamen, wurden durchgelassen. Ein kleiner Trost war, dass der prächtige neue Heißgetränkeautomat, den irgendwer für wartende Reisende aufgestellt hatte, einen Becher der besten Schokolade ausspuckte, die ich je getrunken habe. Während ich vor Wut innerlich kochte, blieben der russische Fahrer und die Passagiere passiv und schicksalsergeben – so wie es nur Menschen sein können, die ihr Leben lang gezwungen waren, auf Entscheidungen einer allmächtigen, geistlosen Bürokratie zu warten, ohne jede Chance des Widerspruchs.

Nach einiger Zeit, die mir wie eine Ewigkeit vorkam, trat einer der Mitreisenden aus dem Zollgebäude und erklärte, ein Grenzer habe in seinem Koffer siebzig Euro gefunden, die er dort vollkommen vergessen und deshalb auch nicht angegeben hatte. Jetzt wurde er deshalb eines schändlichen Verbrechens beschuldigt – Devisenschmuggel! Weil er wusste, dass viele solcher Probleme an der Grenze sich durch das diskrete Überreichen einiger Geldscheine lösen lassen, hatte unser Mitreisender den Uniformierten aufgefordert: »Behalten Sie es!« Die Antwort jedoch: »Njet!« Über sein »Verbrechen« musste ein »Protokoll« angefertigt werden. Das dauerte eine weitere Stunde, dann noch eine. Schließlich, nach vier Stunden Wartezeit, durften wir weiterfahren. Unserem Reisegefährten hatte man erklärt, er müsse in Russland vor Gericht erscheinen und eine Geldstrafe bezahlen. Hätte er noch mehr geschmuggelt, wäre er im Gefängnis gelandet.

So, westwärts fahrend, passierten wir kurze Zeit später mit entschiedener Erleichterung das große blaue Schild mit dem Sternenkranz und der Aufschrift »Welcome to the European Union«. Polen! – Auch wenn dort das Erbe der kommunistischen Ära immer noch sichtbar ist, fühlte ich mich plötzlich wie zu Hause. Freunde erzählten mir, dass die Polen nach Jahrzehnten unter der Knute der Sowjetunion, jetzt, als Vollmitglieder der Europäischen Union, inoffiziell Rache nehmen und an der Grenze Russen schikanierten. Wir jedenfalls hatten Glück.

Die R 1 zwischen Elbląg und Kaliningrad hat sich anscheinend seit der Vorkriegszeit kaum verändert. Gesäumt von alten Bäumen ist sie wunderschön und romantisch für den, der sich Zeit für sie nimmt. Doch zugleich ist sie nach wie vor die wichtigste Verbindung zwischen Kaliningrad, Danzig, dem nördlichen Polen und Berlin und muss so ein Verkehrsaufkommen bewältigen, das ihre preußischen Erbauer sich nie hätten träumen lassen. Ist man nicht selbst der Fahrer, kann man eigentlich nur noch die Augen schließen und versuchen, nicht an die grauenhaft vielen tödlichen Unfälle auf dieser Strecke zu denken.

In absehbarer Zeit soll die Strecke von Elbląg nach Kaliningrad schneller passierbar werden und hoffentlich auch sicherer. Derzeit wird nämlich gerade die alte Reichsautobahn 3 aus ihrem über sechzigjährigen Dornröschenschlaf geweckt und ausgebaut als moderne Autobahn zwischen Kaliningrad und Elbląg. Die »3«, die mehr oder weniger parallel zur R 1 verläuft, aber weiter im Landesinneren, war eine der ältesten Autobahnen, eröffnet schon 1937. Dabei ist nur eine Fahrspur je fertig gestellt worden; sie bestand aus Betonplatten wie alle alten Reichsautobahnen. Nach dem Krieg wurde sie dann größtenteils nicht mehr genutzt, mit Ausnahme einzelner Abschnitte für den Regionalverkehr. Viele Autobahnbrücken waren von der Wehrmacht zerstört worden, um den Vormarsch der Roten Armee aufzuhalten. Andere wurden später abgerissen, um daraus dringend benötigtes Baumaterial zu gewinnen. Und allmählich verschwand das lange Betonband – links und rechts gesäumt von Schützengräben aus dem Zweiten Weltkrieg, voller gefährlicher Blindgänger – unter Unkraut, Dreck und Gestrüpp, ein Überbleibsel aus der Vergangenheit.

Die Russen nennen die Straße »Berlinka«, nach der Öffnung der Enklave Kaliningrad 1991 wurde ein Abkommen mit der polnischen Regierung vereinbart, die »3« als völlig neue Autobahn wieder zum Leben zu erwecken. Die Vorteile lagen auf der Hand: Kaliningrad würde eine bessere Verbindung nach Mittel- und Westeuropa bekommen, und die polnischen Hochseehäfen Gdańsk (Danzig) und Gdynia (Gdingen) sowie Elbląg könnten von dem Verkehr aus Kaliningrad profitieren. In der anderen Richtung würde eine gute Verbindung mit einer »Via

Baltica« entstehen, die nach Norden durch die Staaten des Baltikums führt. Doch dann verlief das Projekt im Sande. Ob der wahre Grund hierfür finanzielle Schwierigkeiten, politische Einwände, bürokratische Trägheit oder interne Ränkespiele auf der einen oder anderen Seite waren, weiß ich nicht. Möglicherweise haben alle diese Gründe eine Rolle gespielt. Tatsache bleibt, dass insgesamt wenig geschehen ist, insbesondere auf der polnischen Seite. Zehn Jahre nach diesen Plänen, 2001, trafen sich der Gouverneur von Kaliningrad, Vladimir Grigorievitsch Jegorov, und der polnische Präsident Aleksander Kwaśniewski in Warschau und beschlossen, das Projekt wiederzubeleben.

In einem Vorort von Kaliningrad treffe ich den Mann, der für den russischen Teil des Baus zuständig ist, genauer gesagt, der die Firma Rossbahn leitet, die ihn baut: Valerij Bugrov, ein kräftiger Mann mit kahl rasiertem Eierkopf und auffälligem Design auf seinem weiten, bequemen Hemd, ist wie »Hans«, der frühere Geheimdienstmitarbeiter, einer dieser ungewöhnlichen Charaktere im Osten, die man wirklich gerne kennenlernt.

Bugrov ist Künstler, Landschaftskünstler. Geboren in Moskau, war er in seiner Jugend Regimegegner und landete in Westdeutschland, wo er 27 Jahre lang lebte und einige bemerkenswerte Kunstprojekte schuf, Lichtobjekte und Landschaftsgestaltungen, vor allem in Hamburg. Im Ausbau »seiner« Autobahn – ein Projekt, für das er in den Osten zurückkehrte – sieht er die Fortsetzung dieser Arbeit. Sie würde eine Art Bild erschaffen, eine Linie durch die Landschaft. »Eine Straße hat viele Bedeutungen«, meint er auf Deutsch. »Die neue Berlinka wird die Grenze durchlaufen, sie ist ein Symbol der heutigen Realität, die ständig jemanden vereinigt oder trennt. Sie ist ein großes Landschaftsprojekt, eine Idee für kulturelle und künstlerische Verbindung.«

Die Rossbahn-Hauptverwaltung, die Materialien, Maschinen und Baustellen sehen, was sofort auffällt, letztlich genauso aus wie die eines ganz normalen westlichen Straßenbauunternehmens. Dem Besucher überreicht man ähnliche kleine Werbegeschenke, wie auch westliche Firmen es zu tun pflegen, etwa einen glänzenden Stift von guter Qualität mit Firmenlogo oder Hochglanzbroschüren. Der verwendete Asphalt stammt aus Deutschland, man arbeitet mit deutscher Technologie und mit mehreren deutschen Angestellten. Man hat bereits andere, gewöhnlichere Straßen im Kaliningrader Gebiet gebaut, darunter ein Stück der alten R 1 wiederhergestellt, und dies ist alles gut geraten. So war es keine Überraschung zu erfahren, dass die Firma Rossbahn ursprünglich zur Hälfte ein deutsches Unternehmen war, eine Kooperation zwischen dem Bauunternehmen Matthäi aus Verden an der Aller und dem russischen Staat. Bis eines Tages, so Bugrov, Matthäi »die Schnauze voll« hatte und sich zurückzog, woraufhin er selbst dessen Anteil übernahm.

Und warum hatte Matthäi »die Schnauze voll«? Die Antwort in einem Telefongespräch mit Gerhard Matthäi, dem Firmenchef, wirft ein gleißendes Licht auf die Probleme, mit denen man in diesem Stück des ehemaligen Ostpreußen, das heute eine russische Enklave ist, zu kämpfen hat. »Ich wollte nicht im Gefängnis landen! Kaliningrad ist kaputt. Es ist Mafialand geworden!«, empört er sich. »Das passt nicht zu unserer norddeutschen, hanseatischen Kultur.«

Zu Beginn, kurz nach der Wende, schien alles in Ordnung zu sein, meint er. Der damalige Gouverneur der Region, Jurij Matochkin, und seine Mitarbeiter seien »korrekte Leute« gewesen, es hätten »klare Verhältnisse« geherrscht. Doch dann hätten die Schwierigkeiten angefangen. Die politische Landschaft änderte sich, vieles wurde undurchsichtig, und eines Tages musste Matthäi feststellen, dass das Kapital seines Partners – also des russischen Staates – auf ein Privatkonto auf den *Cayman*

Islands verschwunden war. Und außerdem konnte die Firma nichts, aber auch gar nichts mehr erreichen, ohne Schmiergelder zu zahlen.

»Das geht bei uns nicht, das ist nicht unser Stil!«, meint Matthäi leidenschaftlich. Also zog er sich aus der Firma zurück, und Bugrov übernahm seinen Anteil. Matthäi trennte sich im Guten von ihm, »als Russe kann er besser mit der Situation fertig werden«. Sie sind immer noch in Kontakt, und manchmal fragt ihn Bugrov in technischen Angelegenheiten um Rat.

Der Überfall auf Russland

Der Diktator stand am Fenster des Schlosses und beobachtete, wie seine Regimenter durch die enge Schlossbergstraße anrückten, um sich für den Überfall auf Russland zu sammeln. Ein in der Nähe stehender Zeuge konnte nie wieder den Ausdruck auf dem Gesicht des großen Mannes vergessen. »Er lächelte mit verbissenem Grimm«, schrieb dieser Zeuge einige Jahre später, als ob er beim Betrachten seiner Soldaten denke: »Ihr seid die wackeren Stützen meiner Macht und nur deshalb geschaffen, meine Größe nun auch in Russland zu erkaufen, und verpflichtet, meiner Rache euer Leben zu opfern.«

Nein, es war nicht der, an den Sie jetzt vielleicht zuerst denken. Hitler lenkte seinen katastrophalen Überfall auf die Sowjetunion 1941 von der Festung Wolfsschanze aus, nahe Rastenburg (heute Kętrzyn), etwa fünfzig Kilometer südwestlich von Königsberg, und bei all seinen verbrecherischen Motiven für den Überfall auf Russland gehörte Rache nicht dazu. Nein, es geht um Napoleon, der sich 129 Jahre zuvor, 1812, im Schloss von Königsberg einquartiert hatte, kurz vor seiner nicht minder katastrophalen Invasion Russlands.

In Königsberg treffen wir ihn auf unserer Zeitreise zum ersten Mal auch persönlich, während uns sein immenser Einfluss im Guten wie im Schlechten schon an vielen Stellen der Reichsstraße 1 begegnet ist. Der Zeuge der geschilderten Szene war Johann Theodor Schmidt, der als damaliger Polizeichef von Königsberg Napoleon von Nahem beobachten konnte und so aus erster Hand die Vorbereitungen der Invasion mitbekam – später erlebte er auch deren schreckliche Folgen. Schmidt kannte nur allzu gut das Leiden der Preußen unter der Knute des Tyrannen und seiner raubgierigen Armee. Offenbar war er ein vielseitig begabter Polizeichef, denn als er seinen Dienst quittiert hatte, setzte er sich hin und schrieb unter dem Titel »Ostpreußens Schicksale in dem Jahre 1812 während des Krieges zwischen Frankreich und Russland« einen etwas langatmigen Bericht über Napoleons kurze, aber verheerende Heimsuchung Ostpreußens. Obwohl der Text erst über zehn Jahre nach den Ereignissen entstand und teilweise durch die Vorliebe des Bürokraten für endlose Listen – von Nahrungsmitteln bis zu Regimentern – etwas an Reiz verliert, ist dieses seltene alte Buch, das 1825 veröffentlicht wurde, auch heute immer noch eine faszinierende Lektüre.

Napoleon, so Schmidt, wollte zunächst sein Hauptquartier in der »Luisenwahl« aufschlagen, einer Villa kurz vor den Toren von Königsberg. Sie hatte der preußischen Königsfamilie einige Jahre lang während ihres Exils 1808/1809, nachdem Berlin besetzt worden war, als Sommerresidenz gedient. Zweifellos hatte sich Napoleon das Gebäude als großes und raffiniertes Lustschloss vorgestellt, musste aber entdecken, dass es tatsächlich nur ein kleines und sehr bescheidenes Landhaus war. So zeigte er sich »sehr befremdet« über die Vorstellung, dass sich die preußischen Blaublüter mit solch einem bescheidenen Quartier zufrieden geben konnten. Offenbar war ihm entgangen, dass auch Königin Luise meinte, es sei »gerade keine königliche Wohnung«. Es erwies sich auch einfach als viel zu klein für Napoleon und seine Entourage, und so errichtete er sein Hauptquartier im Schloss.

Napoleons Kommandanten hatten ihre einzelnen Quartiere wie üblich in den großen Hallen und miteinander verbundenen Räumen des Schlosses untergebracht, sodass sie leicht miteinander kommunizieren konnten. Marschall Louis-Alexandre Berthier, sein Generalstabschef, eilte zwischen den Gruppen hin und her. »Napoleon in seiner grünen Chasseur-Uniform, den Hut auf dem Kopf, den Degen immer an der Seite, den rechten Fuß vorgesetzt, die Hände auf dem Rücken oder über der Brust verschlungen, mit vorn niederhängendem Kopfe, stand gewöhnlich in der Mitte des Saales und rufte (sic) diejenigen, die er sprechen wollte, zu sich.«

Man kann die von Schmidt beschriebene Szene fast bildlich vor Augen sehen. In der Nacht vor der Invasion fanden weder er noch Napoleon viel Schlaf. Der Diktator war beeindruckt von zwei preußischen Artillerie-Einheiten, den sogenannten »reitenden Batterien«. Sie sollten zwar nicht an der Invasion teilnehmen, aber Napoleon war entschlossen, sie nach Russland mitzunehmen. Gegen elf Uhr war Schmidt gerade zu Bett gegangen, als er von französischen Offizieren wieder geweckt wurde. Er sollte die Mobilisierung dieser Einheiten anordnen und Napoleon Bericht erstatten. Begleitet von einem der Offiziere zog er die ganze Nacht kreuz und quer durch Königsberg und riss einen General nach dem anderen aus dem Schlaf, bis er endlich einen fand, der diese Anordnung treffen konnte. Erst gegen vier Uhr morgens kehrte er wieder ins Schloss zurück. »Der Kaiser musste bis Mitternacht gearbeitet haben, denn auf dem großen Tische voller Karten und Papiere lag noch alles unverwahrt, und ein großer Armleuchter stand darauf mit beinahe heruntergebrannten Lichtern. Er lag, nicht entkleidet, in einem grünen Überrock, mit einer kostbaren Decke bedeckt auf seinem Ruhebette und frug, so wie wir hineintraten, ob sein Befehl auch sicher befolgt wäre. Ich antwortete: ›Ew. Majestät können versichert sein, dass um 6 Uhr morgens auf Königsgarten die Gestellung des Verlangten vollständig bewirkt wird.‹ ›Nun ist das gut‹, war die ganze Antwort, und wir entfernten uns wieder.« Die Reiter der beiden preußischen Einheiten, so Schmidt weiter, zogen mit der Grande Armée nach Moskau, »es ist von ihr wenig oder gar nichts zurückgekommen«.

In den früheren Feldzügen Napoleons war seine Armee stets guter Dinge gewesen und beim Marschieren zum Singen aufgelegt. Doch nun, nach Jahren des Umherziehens und Kämpfens und mit der Aussicht auf die Schlachten in Russland, marschierten die Soldaten, so Schmidt, »düstern und schweigend, Verdruss in allen Zügen«. Niemand sang mehr, niemand rief »Vive l'Empereur!« jener Figur zu, die, den Leibmamelucken Rustan direkt hinter sich stehend, vom Schlossfenster aus »seine Opfer lorgnettierte«. »Soviel ist ohne Zweifel, dass die Franzosen im Jahre 1812 mit den größten Unwillen den Marsch nach Russland antraten. Sie sahen wohl ein, dass dies kein Krieg, wie in Italien und Deutschland Kriege geführt werden, seyn würde«, hielt Schmidt fest.

Für eine kurze Zeit war Napoleon noch auf der Höhe seiner Macht. Preußen dagegen befand sich an einem Tiefpunkt – tatsächlich hing sogar dessen Existenz als Staat an einem seidenen Faden. Napoleon, der Preußen als nützlichen Alliierten betrachtet hatte, war entschlossen, das Land dafür zu bestrafen, dass es hinter seinem Rücken eine heimliche Allianz mit dem russischen Zaren eingegangen war. Nicht genug, dass er es einige Jahre zuvor auf dem Schlachtfeld geschlagen, das Land aufgeteilt und zur Zahlung von horrenden Reparationen gezwungen hatte. Jetzt wurde Preußen genötigt, die *Grande*

Armée für das Abenteuer, das vor ihr lag, zu verpflegen, auszurüsten und anderweitig zu unterstützen. Durch Napoleons Handelsembargo gegen Großbritannien war Preußen bereits stark geschwächt. Nun musste es irgendwie noch hunderttausende Tonnen Nahrungsmittel, Millionen Flaschen Branntwein und Bier, 44 000 Ochsen, 15 000 Pferde und Unmengen Schießpulver, Fuhrwerke und Lazarettausstattung auftreiben, und das alles auf eigene Kosten.

»Diese ungeheuren Lieferungen in so kurzer Zeit zu leisten war völlig unausführbar«, schrieb Schmidt. Doch das sei Napoleon gleichgültig gewesen, »weil es ihm gelegen war, dass er stets einen Vorwand, Preußen seiner Willkür zu unterwerfen, in Nichterfüllung findet«. Dabei waren Napoleons Forderungen nur die eine Seite. Gleichzeitig stahlen und erpressten die französischen Truppen alles, was sie bei der unglücklichen Bevölkerung auftreiben konnten.

Die *Grande Armée* rückte im Juni 1812 mit einer breiten Front in Richtung Russland vor. Sechs Monate später kamen versprengte Überreste dieser Armee wieder zurück, einige von ihnen auf unserer Straße. Es war ein fürchterlicher Anblick: »Von Frost und Hunger waren die edelsten Gestalten krumm zusammengeschrumpft, voll blaue Flecken und weiße Frostbeulen. Ganze Gliedmaßen abgefroren und in Fäulnis, voll Ungeziefer verbreiteten sie ein pestartiges Geruch und mit ihm Krankheit und Seuchen da, wo sie in Mengen zuströmten. Ihre Kleidung bestand aus Lumpen, Strohmatten, alten Weiberröcken, Schaafsfellen (sic) oder was sie habhaft werden konnten. Statt Schuhen und Strümpfen waren ihre Füße mit Stroh, Pelz oder Lumpen umwunden.« Einige Preußen, so sehr sie die Franzosen auch hassten, empfanden Mitleid mit ihnen und gaben ihnen eine heiße Suppe oder Brot. Zum ersten Mal baten die Franzosen höflich um etwas und bedankten sich artig dafür.

Und schon wieder sollten die Preußen große Mengen Verpflegung auftreiben, aber dann erreichten russische Kosakenregimenter bei der Verfolgung der Franzosen die Stadt. Und in der Nacht zum 4. Januar 1813 schlichen sich Napoleons Mannen leise aus Königsberg davon, die Russen hinterher.

Einige Preußen waren nicht unbedingt erfreut über die Ankunft der Russen; sie fürchteten, diese würden einfach die Franzosen als Besatzer ersetzen. Doch Schmidt war eindeutig begeistert, und dieses Gefühl steigerte sich noch, als Preußen, wenn auch völlig entkräftet, sich später den Befreiungskriegen anschloss, die schließlich Europa endgültig von Napoleon und seiner Tyrannei befreiten. Voller Zustimmung zitierte Schmidt eine öffentliche Bekanntmachung der Russen nach ihrer Ankunft in Preußen:

»Wir betreten jetzt Euer Boden, gute Nachbarn, doch geschieht dieses blos in Ausführung der nothwendigen Operationen gegen den fliehenden Feind. Wir kommen nicht als Feinde, nicht als Eroberungssüchtige, euer Eigenthum soll uns heilig sein und euer Land nach Beendigung des Krieges wieder geräumt werden …

Preußen, wir haben unsere Unabhängigkeit erfochten, es wäre uns süß, gemeinschaftlich mit Euch auch die Eurige wiederherzustellen.«

Schmidt sollte nie erfahren, wie sehr sich die Dinge noch ändern sollten.

KAPITEL 10

Neusiedler und Dinosaurier

Die Russen kehrten noch zweimal nach Ostpreußen zurück, einmal kurz während des Ersten Weltkriegs, und dann wieder am Ende des Zweiten, diesmal für immer. Dieses Mal gab es keine Ansprachen an die »guten Nachbarn« und auch keinen Respekt vor dem Eigentum anderer. Nach einem langen, grausamen und barbarischen Krieg machten sich die sowjetischen Truppen daran, das Gebiet zu erobern und zugleich schrecklichste Rache zu üben. Am Vorabend der Invasion 1945 wandte sich der Kommandeur Marschall Schukov an seine Truppen: »Die Zeit ist gekommen, mit den deutsch-faschistischen Halunken abzurechnen. Groß und brennend ist unser Hass! Wir haben unsere niedergebrannten Städte und Dörfer nicht vergessen. Wir gedenken unserer Brüder und Schwestern, unserer Mütter und Väter, unserer Frauen und Kinder, die von den Deutschen zu Tode gequält wurden. Wir werden uns rächen für die in den Teufelsöfen Verbrannten, für die in den Gaskammern Erstickten, für die Erschossenen und Gemarterten. Wir werden uns rächen für alles.«

Es folgte eine der schrecklichsten, barbarischsten Szenen des gesamten grausigen Kriegs: Massenvergewaltigungen, Plünderungen und Brandschatzungen von Häusern, Höfen, Dörfern und Städten, massenhaftes Abschlachten von wehrlosen Zivilisten. Die R 1 und andere Straßen waren vollgestopft mit hunderttausenden Ostpreußen auf Karren oder zu Fuß, die verzweifelt um ihr Leben flüchteten. Hinter ihnen wurden siebenhundert Jahre deutscher Kultur endgültig ausgelöscht. Königsberg, die Stadt von Kant und Herder, schon im Sommer 1944 von der britischen *Royal Air Force* schwer zerbombt, lag in Ruinen, verkohlt, still und leer.

Bald begann die Region, neue Einwohner anzuwerben. Unter den ersten waren Soldaten, die an der Invasion teilgenommen hatten und die man zum Bleiben überreden konnte. Zu ihnen kamen heimkehrende Zwangsarbeiter wie Soja Ivanovna Godjajeva, die mit achtzehn Jahren von den Deutschen aus ihrer Heimat Smolensk verschleppt worden war und auf einem Bauernhof nahe Bocholt gearbeitet hatte. Nachdem sie die Briten befreit hatten, begab sie sich auf den Heimweg über verschiedene Übergangslager in Magdeburg und Insterburg. Doch dann wurde ihr klar, dass ihre Familie in Smolensk möglicherweise gar nicht mehr lebte. Also blieb sie in Ostpreußen, arbeitete hier und fand eine neue Heimat.

Bald kamen viele weitere Zuzügler, von Anwerbern hergeholt aus vielen verschiedenen Teilen der Sowjetunion, vor allem aus zentralrussischen Regionen. Die »Rattenfänger« der Neuzeit waren im Auftrag von ostpreußischen Werften, Fabriken, Verwaltungen und Kolchosen unterwegs, die unbedingt Arbeitskräfte brauchten. Sie machten einander Konkurrenz und versprachen alle möglichen Privilegien, Prämien, Geld und materielle Güter. Einige begleiteten die von ihnen Geworbenen und kümmerten sich darum, dass sie auf der Reise das Nötigste hatten und nach ihrer Ankunft gut unterkamen. Manche dieser Neusiedler bekamen tatsächlich das, was man ihnen versprochen hatte, andere nicht. Viele Interessenten waren von Anfang an skeptisch gewesen, weil sie seit langem daran gewohnt waren, dass man ihnen nicht die Wahrheit sagte. Sie hörten sich lieber die Berichte von Leuten an, die bereits dort angekommen waren: »Ja,« hieß es da, »alles liegt in Trümmern, aber es gibt genug Fisch für alle, und man kann sich eine Zukunft aufbauen.« Solche Verheißungen sprachen die vom Krieg ausgezehrten Menschen schon eher an.

Und so trafen sie ein, die meisten in Gruppen und die meisten mit der Bahn. Viele landeten, ohne es zu wissen, direkt an der alten R 1. Denn oft hielten die Neusiedler-Züge in Städten am östlichen Ende unserer Straße, darunter Stallupönen, Gumbinnen und Insterburg, die bald Nesterov, Gussev und Tschernjachovsk heißen sollten. Dort mussten sie aussteigen, wurden begrüßt und dann dorthin weitertransportiert, wo sie leben und arbeiten sollten.

»Einen bedrückenden Eindruck machte die Stadt Insterburg«, erinnert sich Jahre danach Juri Nikolajevitsch Tregub, der mit seinen Eltern aus Alma-Ata ankam. »Als wir in den Bahnhof einfuhren, war er völlig zerstört. Eisenträger ragten empor, auf denen einst das Dach befestigt war, und Metallrahmen ohne Scheiben. In der Luft lag ein Geruch nach Verbranntem, an den ich mich bis heute erinnere.«

»Wir kamen am Bahnhof Nesterov an«, erzählt Jekaterina Sergejevna Morgunova. »Es herrschte starker Nebel. Man sagte uns: ›Geht nirgendwohin, überall sind Geschosse.‹ Einige von uns haben zu schreien angefangen: ›Wo sind wir bloß hingeraten?‹ Dann gab es eine Versammlung, und ein Militär-Orchester spielte Musik. Der erste Parteisekretär des Kreiskomitees begrüßte uns persönlich ... (Er) sagte: ›Wir sind hier zwölf Leute. Insgesamt nur wenige. Und ihr seid der erste Transportzug. Die Kaliningrader Erde hat zu singen begonnen, die Kühe zu muhen und die Hähne zu krähen. Habt vor nichts Angst, man wird Euch bewachen.‹«

Einige von den Neusiedlern kamen, um dem Hunger und den Entbehrungen des Krieges zu entkommen, manche aus politischer Überzeugung und andere aus schierer Begeisterung und einem Gefühl von Abenteuer – die meisten waren jung. Viele wurden, wie die Gruppe von Jekaterina Sergejevna Morgunova, feierlich willkommen geheißen. Andere wurden einfach sich selbst überlassen; deren Start war besonders hart. Keiner von ihnen war darauf vorbereitet, was sie tatsächlich erwartete: die Ruinen, insbesondere in Königsberg, die Verwüstung, die Panzersperren, Minen und Befestigungsanlagen, die Ratten. Es gab kein Brennmaterial, wenig oder gar keinen Strom, kein fließendes Wasser. Die Straßen waren oft unpassierbar, immer wieder stürzten von Bomben beschädigte Häuser einfach zusammen. Die ersten Neuankömmlinge ließen sich in den wenigen noch unzerstörten Häusern und Wohnungen nieder, der Rest musste sich so gut wie möglich in den beschädigten einquartieren, die oft ohne Türen und Fenster waren. Das neue Land war furchteinflößend und ganz anders als zu Hause. Immer noch gab es vereinzelt Schießereien.

Am schlimmsten war der Winter 1946/47. Es war einer der strengsten Winter des Jahrhunderts in ganz Europa, im früheren Ostpreußen war er für sehr viele tödlich. Die Bauernhöfe hatten gerade erst wieder zu produzieren begonnen, Lebensmittel waren hoffnungslos knapp. Die Menschen suchten in Kellern und auf den Feldern nach verfaulten Kartoffeln, sie aßen Katzen und Hunde, ihre verhungerten Kühe und Pferde, Wurzeln und Gras. Seuchen grassierten, viele Tausende starben.

Noch schlimmer erging es den wenigen verbliebenen Deutschen, die sich in Ruinen, Keller und Dachböden geflüchtet hatten, manchmal in den eigenen Häusern, die nun den neuen Siedlern gehörten. Moskau hatte gemeinsam mit den westlichen Alliierten beschlossen, dass sie alle gehen mussten; nichts vom alten Ostpreußen sollte mehr bestehen bleiben. Doch ihre Ausweisung wurde verschoben, weil man sie noch brauchte, um die Fabriken, Höfe und öffentlichen Versorgungsbetriebe am Laufen zu halten. Alles in allem schienen die Deutschen gut mit den sowjetischen Immigranten zurechtzukommen, die später oft ihr Mitleid ausdrückten und ihnen zuweilen auch halfen. Schließlich mussten sie doch gehen, in verschiedenen Etappen in den Jahren 1947 und 1948. Trotz aller Härten und des Horrors, den sie in Königsberg erlebt hatten, brach es vielen das Herz, die Stadt verlassen zu müssen. Einige flohen in die benachbarte Sowjetrepublik Litauen, um später einmal zurückkehren zu können, andere mussten mit Gewalt weggebracht werden. Die Wirtschaft Kaliningrads wurde von der Vertreibung der Deutschen schwer getroffen. Sie verlor ihre Arbeitskräfte, ohne dass sie sich zuvor darauf hätte einstellen können.

Am 7. April 1946 ordnete das Präsidium des Obersten Sowjet der UdSSR an, dass Königsberg und das nördliche Ostpreußen von nun an einen Verwaltungsbezirk (eine »Oblast«) innerhalb der Russischen Sozialistischen Föderativen Sowjetrepublik bilden sollten. Am 4. Juli jenes Jahres wurde der Name der Stadt offiziell in Kaliningrad geändert; alle Orte und Straßen bekamen russische Namen. Im selben Monat wurde die Region um Königsberg zum militärischen Sperrgebiet erklärt, für Sowjetbürger nur mit einer speziellen Erlaubnis zugänglich. Westler hatten fortan überhaupt keinen Zutritt.

Trotz all dieser Widrigkeiten scheint es einen bemerkenswerten Pioniergeist und Enthusiasmus unter diesen ersten Siedlern gegeben zu haben. Zwar sollen bis zu vierzig Prozent von ihnen wieder in ihre Heimat zurückgegangen sein; weil aber die meisten dieser Leute ursprünglich ohnehin nur ein paar Jahre bleiben wollten, ist es vielleicht überraschender, dass die Mehrheit von ihnen tatsächlich geblieben ist und dort Wurzeln geschlagen hat.

Es gelang mir selbst anhand von Stadtplänen aus der Vorkriegszeit nicht, den Verlauf der alten R 1 durch die Stadt Königsberg mit hundertprozentiger Gewissheit zu rekonstruieren. Höchstwahrscheinlich lief sie, aus dem Südwesten kommend, die Langgasse Richtung Stadtmitte hinauf, überquerte den Pregel, kreuzte die Dominsel, auf deren rechter Seite nicht weit entfernt der schöne Dom stand, und ging dann direkt auf das ehemalige Schloss zu. Vor dem Schloss wird sie nach rechts – immer noch als Langgasse firmierend – einen Bogen gemacht haben und Richtung Osten weitergelaufen sein.

Als die Neusiedler ankamen, war das Schloss, das auf einer leichten Anhöhe über der Straße stand, eine Ruine. Innen war alles verbrannt und zerstört. Aber ein großer Teil der Außenmauer, mehrere Stockwerke hoch, und der Türme stand noch. Die Zukunft der Ruine wurde unter der neuen Bevölkerung kontrovers diskutiert. Einige Intellektuelle setzten sich für den Wiederaufbau als Heimatmuseum ein, andere wollten die Ruine als Mahnmal des vergangenen Krieges erhalten. Aber beide Lösungen hätten – so das Gegenargument – Unsummen gekostet, die der neuen Oblast nicht zur Verfügung standen, und das zu einer Zeit, als viele Einwohner noch in Notunterkünften hausten.

Es wird behauptet – wurde jedoch nie bewiesen –, dass das Schicksal des Schlosses schließlich von Alexei Kossygin, dem ehemaligen Premierminister der Sowjetunion, entschieden wurde. Bei einem Besuch in der Oblast in den späten 1960er Jahren soll er den Obersten Parteisekretär Kaliningrads gefragt haben, was man denn mit dem Schloss vorhabe. Als ihm dieser erzählte, dass man es wiederaufbauen und darin ein Heimatmuseum einrichten wolle, soll Kossygin geantwortet haben: »Ein Museum wofür? Dem Andenken des Preußischen Militarismus? Damit so etwas nicht wiederkehrt?«

Kurz darauf wurde das Schloss gesprengt. In den späteren 1970er Jahren entstand fast an derselben Stelle über der ehemaligen Reichsstraße 1 das »Haus der Räte«, ein surrealistischer Betonkoloss, der wegen seiner Hässlichkeit international bekannt geworden ist. Und auch wegen seiner Nutzlosigkeit, denn er wurde nie fertig gebaut und steht jetzt als zweite Ruine an diesem Ort – wie die erste eine Erinnerung an die politischen Fehler ihrer Zeit.

Das Bild der frühen Jahre der Oblast verdanken wir einer Gruppe junger Historiker um Professor Jurij Kostjatschov von der Universität Kaliningrad, der in der kurzen, ungestümen Zeit der *Perestrojka* in den späten 1980er und frühen 1990er Jahren die Erinnerungen von 320 der ersten Neusiedler sammelte. Was im Westen nichts Besonderes gewesen wäre, war hier ein bahnbrechendes Projekt, denn es handelte sich um den ersten Versuch einer sogenannten *oral history* – Geschichte, die sich mit der Befragung lebender Zeitzeugen befasst – in einem Land, in dem die Darstellung historischer und zeitgenössischer Ereignisse bislang gewöhnlich von der Politik diktiert wurde. Schon die Geschichte dieser Arbeit selbst, des Versuchs, die Menschen über die Vergangenheit dieser Region zu informieren, sagt uns allerhand über die offizielle Haltung in der Sowjetunion gegenüber ihrem Beuteland.

Von Anfang an war jede Erwähnung von allem, was sich hier vor dem Krieg ereignet hatte, verboten. Eine vollkommen neue sozialistische Gesellschaft sollte entstehen, die nichts mehr mit der Vergangenheit zu tun hatte und insbesondere nichts mit den Traditionen und Werten der Menschen, die hier einmal gelebt hatten. Vor allem sollte niemand wissen, dass für einige wenige Jahre Deutsche und Neusiedler tatsächlich Seite an Seite gelebt hatten. Das wenige, was noch an Zeugnissen vom alten Ostpreußen übrig geblieben war, wurde in Regionalarchiven weggeschlossen, zu denen so gut wie niemand Zugang bekam. Das war eine bizarre Anmaßung, wenn man bedenkt, dass trotz aller Zerstörung die neuen Einwohner unablässig mit den Hinterlassenschaften einer ihnen unvertrauten Zivilisation und dem Lebensstil ihrer Vorgänger konfrontiert wurden, und viele waren natürlich neugierig darauf.

In gewisser Weise noch seltsamer war die Informationssperre, die man über die eigene Nachkriegsgeschichte der Region verhängte. Viele Jahre lang war eine Erforschung der meisten Aspekte der Besiedlung und Entwicklung praktisch unmöglich. Tatsächlich wurde auch ein großer Teil des sowjetischen Nachkriegsmaterials in den Archiven geheim gehalten. Broschüren von Geschichtsprofessoren der Universität und der Leitung des Gebietsmuseums, mit denen die Bevölkerung über ihre Region informiert werden sollten, wurden zensiert, nur in sehr kleinen Auflagen gedruckt, wieder eingezogen oder durften erst gar nicht veröffentlicht werden. Nur langsam lockerte sich ab Mitte der 1960er Jahre die Zensur ein wenig, bis schließlich Ende der 1980er Jahre die – relative – Liberalisierung der Perestrojka einsetzte.

Als ich 1990 zum ersten Mal nach Kaliningrad kam, kurz nachdem die Region für die ersten westlichen Besucher zugänglich wurde, war das System schon erheblich ins Wanken geraten. In einem Museum gab es eine Ausstellung über Königsberg – sie war vielleicht nicht besonders gut, aber das Interesse an ihr war gewaltig. Ich traf aufgeregte Jungen, die ein wenig auf einer Brachfläche gegraben und dabei Besteck gefunden hatten, Töpfe und sogar Grabsteine. Früher habe es dort ein Café und einen Friedhof gegeben, erzählten sie mir, doch beide waren dem Erdboden gleichgemacht worden. Die ersten deutschen Besucher trafen ein, brachten ihre Erinnerungen mit und wurden mit Blumen begrüßt von Russen, die zu hoffen schienen, die Besucher würden ihrem Leben nun irgendeine wunderbare neue Wendung geben. Kaliningrader, die privat fasziniert waren von dem, was um sie herum lag, gründeten Vereinigungen, um etwas über die Geschichte ihrer Region zu erfahren. Von da an behauptete niemand mehr, dass es diese Vergangenheit nie gegeben habe.

Weil es offiziellen Institutionen verboten war, sich mit der Geschichte der Region zu beschäftigen, stammt vieles des heute zugänglichen Materials von begeisterten Amateuren, die es über Jahre gesammelt haben. Mittlerweile wird die Regionalgeschichte an der Universität gelehrt, aber bislang gibt es noch keine Stelle zur Erforschung der unmittelbaren Nachkriegsvergangenheit. Das erwähnte *oral history*-Projekt kam als Privatinitiative zustande – Kostjatschov war Professor am Lehrstuhl für Ausländische Geschichte und Internationale Beziehungen. (In späteren Stadien wurde das Projekt vom Kaliningrader Gebietsmuseum für Geschichte und Kunst mitfinanziert.)

Oft folgt in Kaliningrad auf zwei Schritte vorwärts einer zurück, denn immer noch haben hier und in Moskau die alten Funktionäre – Dinosaurier in einer sich schnell wandelnden Gesellschaft – viel Macht. Die folgende Geschichte des *oral history*-Projekts ist dafür symptomatisch. Die Gruppe beendete ihre Arbeit 1992 – doch niemand fand sich, der sie veröffentlichen wollte. Das gesamte Quellenmaterial, die Interviewtranskripte, Fotos und andere Dokumente wurden dem Gebietsmuseum übergeben – und dort prompt weggeschlossen. Niemand, nicht einmal Professor Kostjatschov selbst, hatte mehr Zugang zu ihnen. Dann, 1996, bei der Planung der Feiern zum 50. Gründungsjubiläum der Region, stellten die Kaliningrader Behörden fest, dass sie eine Chronik benötigten. Weil es keine gab, beschlossen sie, die Neusiedlerbefragung zu veröffentlichen, wofür eine große Summe vorgesehen wurde. Weil aber der Text insgesamt zu lang geriet, wurde er einem bekannten Journalisten zur Kürzung übergeben. Das Ergebnis empfand die Arbeitsgruppe als politische Zensur. Schließlich einigte man sich auf einen Kompromiss, unterdessen waren die eingeplanten Gelder auf mysteriöse Weise verschwunden. Ohne Rücksprache mit den Wissenschaftlern gaben die Herausgeber dann das Manuskript einem »Dinosaurier« – einer ausgesprochen reaktionären Person – zur Begutachtung. Dieser erklärte den Text für »antisowjetisch« und »russophob« und bezeichnete die Autoren als »Verräter«, die »die Ehre des Vaterlandes verunglimpften«. Daraufhin verschwand der Text, wie beabsichtigt, in der Versenkung.

1999 schließlich wurde trotz aller Verhinderungsversuche eine deutsche Ausgabe des Werks veröffentlicht.* Und es folgte eine polnische Übersetzung. Erst 2002, zehn Jahre nach ihrer Fertigstellung, wurde die russische Fassung veröffentlicht – und das nicht einmal in Kaliningrad, sondern in St. Petersburg. Erst 2003 schließlich druckte der Kaliningrader Universitätsverlag die Ausgabe für die Oblast.

Ein wichtiger Schritt vorwärts waren die Feiern zum 750. Jahrestag der Stadt im Jahr 2005. Obwohl die immer noch recht ambivalente Haltung der Behörden in dem offiziellen Slogan »750 Jahre Kaliningrad« zum Ausdruck kam, wurden doch tatsächlich Fotos der ehemaligen Altstadt vergrößert und in den Straßen aufgehängt und umfassende, gute Ausstellungen in den Museen zugelassen. Die alten Funktionäre sorgten gleichzeitig jedoch dafür, dass die Verhältnisse gewahrt blieben, indem noch weitere Denkmäler für Sowjetsoldaten errichtet wurden, die während der Invasion und Eroberung des ehemaligen Ostpreußen ums Leben gekommen waren.

Inzwischen kann man die offizielle Position fast als normal bezeichnen. Manches, was früher undenkbar gewesen wäre, ist heute möglich. So arbeiten zum Beispiel Valerij Bugrov, der Erbauer der Berlinka-Autobahn, und seine kulturinteressierten Freunde in Kaliningrad mithilfe deutscher Gelder an der Siche-

---

* Eckhard Matthes (Hrsg.), Als Russe in Ostpreußen. Sowjetische Umsiedler über ihren Neubeginn in Königsberg/Kaliningrad nach 1945, edition tertium, Ostfildern 1999; 2. Auflage: edition tertium, Bietigheim-Bissingen 2002.

rung von Überresten deutscher Architektur. Sie kümmern sich beispielsweise um die früheren preußischen Kronprinz-Kasernen sowie um eine reizende alte, jedoch total verfallene und zweckentfremdete Ordenskirche in einem Dorf außerhalb der Stadt, wo Luthers jüngste Tochter, Margarethe von Kuenheim, begraben liegt.

Bei der öffentlichen Aufarbeitung von Kaliningrads Vergangenheit geht es um mehr als nur die Suche nach einer historischen Wahrheit, so wichtig das auch ist. Sie hat vor allem etwas zu tun mit der heiklen Frage nach einer regionalen Identität. »Die Kaliningrader sind anders als andere Russen«, bemerkt Dr. Eckhard Matthes, Herausgeber der deutschen Ausgabe der Neusiedler-Befragung, der selbst als führender Experte für die Region gilt. Seit über einem halben Jahrhundert ist die Oblast ein Schmelztiegel der unterschiedlichsten Nationalitäten, die aus dem gesamten Sowjetreich hierher kamen. Und sie alle seien auch geprägt durch ihre Umgebung. Obwohl die Oblast für Westler gesperrt war, so Matthes, sei sie doch auch schon vor der Wende viel offener für die Welt gewesen, als man vermuten würde. Aus den Häfen des Gebiets fuhren Matrosen in die ganze Welt, mit anderen Schiffen kamen Seeleute von außerhalb. Viele Soldaten der großen Kaliningrader Militärgarnisonen waren zuvor in anderen Satellitenstaaten der Sowjetunion stationiert. Polen, Lettland und Litauen mit ihrer schon »westlicheren« Atmosphäre lagen gleich nebenan. Dies bildete einen starken Kontrast zu dem größten Teil des übrigen Russlands, wo die meisten Menschen selten reisen und »das Ausland« immer noch mit Argwohn, ja, sogar Angst betrachtet wird. Mit dem Zusammenbruch der Sowjetunion vergrößerte sich die Offenheit noch um ein Vielfaches. »Die Kaliningrader sind viel westlicher geworden als die Russen«, sagt Dr. Matthes. Zugleich wurde das Gebiet aber auch immer mehr zu einer Exklave, die heute von den neuen Mitgliedsstaaten der Europäischen Union umgeben und vom übrigen Russland abgeschnitten ist.

Wie sich das Gebiet weiterentwickelt und ob es eines Tages nach irgendeiner Form der Unabhängigkeit von Russland streben wird, steht in den Sternen. Die offizielle Nervosität jedenfalls, die dieses Gebiet von Anfang an begleitet hat, ist nicht verschwunden. Im Gegenteil – man hört, dass Moskau die Zügel wieder anzieht, dass die alten Seilschaften auch weiterhin den Fortschritt bremsen und die Geheimpolizei sich wieder stärker bemerkbar macht.

Äußerlich hat sich die Stadt Kaliningrad derweil stark verändert. 1990 fand ich eine schmutzige, armselige, deprimierende Stadt voller schlampig gebauter Gebäude im Sowjetstil vor, viele davon schon verfallend, schlammige Straßen voller Schlaglöcher, schlechtgekleidete Menschen sowie überall die üblichen Parolen, Roten Sterne, Leninstatuen und anderes Zubehör des Kommunismus. Inzwischen sind die Bauten gesäubert und gestrichen, viele neue sind hinzugekommen. Straßen wurden geflickt, Blumenbeete angelegt, der Dom wiederaufgebaut. Es gibt gute Restaurants, Designerboutiquen, riesige Supermärkte, und die einst leeren Straßen sind voller Westautos. Eines finde ich bei alledem jedoch ziemlich schockierend: Der Kapitalismus scheint hier kälter, der Materialismus schreiender als im Westen – riesige Transparente, Plakate, Fahnen, Videowände sind allgegenwärtig und preisen endlos Waren an, ohne Rücksicht auf das Erscheinungsbild der Stadt. Und was der Besucher nicht direkt bemerkt, sind die Menschen, die es sich nicht leisten können, in den glitzernden Supermärkten einzukaufen, die obdachlosen Kinder, die sich selbst überlassen sind, und die bitterarmen Rentner, die der Systemwandel hinter sich zurückgelassen hat.

KAPITEL 11

Fehlende Kilometer

Wenn man sich von der Stadt Kaliningrad aus auf den letzten Abschnitt der alten R1 begibt, stößt man auf ein Rätsel. Ebenso wie weithin angenommen wird, dass die R1 nur zwischen Aachen und Königsberg verlief (was, wie wir ja nun wissen, nicht stimmt), gehen auch viele davon aus, dass die Entfernung zwischen Aachen und Königsberg/Kaliningrad 1000 Kilometer beträgt. Tatsächlich scheint dies sogar einmal eine allgemein geglaubte Annahme gewesen zu sein – oder warum hätte man es sonst auf dieses alte weiße Straßenschild geschrieben, das an der deutsch-niederländischen Grenze stand?

Unterwegs auf den letzten Abschnitten der alten R1 wird bald klar, dass die Rechnung nicht aufgeht. Denn die R1 maß offiziell tatsächlich 1329 Kilometer, und selbst wenn es von Aachen nach Königsberg eintausend wären, dann fehlten noch 392 Kilometer bis zum Ende an der Grenze. Doch das ist nicht der Fall. Die Grenze ist viel näher, tatsächlich ist sie nur 150 Kilometer entfernt. Was ist also mit diesen fehlenden Kilometern?

Nach den Entfernungsangaben in meinem Straßenatlas sind es von Aachen nach Berlin 635 Kilometer, und, soweit ich aus anderen Quellen ermitteln kann (Kaliningrad scheint in den Augen von Autoatlantenherstellern kein attraktives Ziel zu sein), sind es von Berlin nach Kaliningrad gut 600 Kilometer, was insgesamt zu einer Entfernung Aachen–Kaliningrad von mindestens 1235 Kilometern führt, vielleicht sogar etwas mehr. Rechnet man die etwa 150 Kilometer bis zur Grenze hinzu, kommt man auf etwas über die offizielle Angabe der Straßenlänge. Aber warum diese offensichtliche Fehlangabe auf dem Straßenschild?

Warum hätte man im Dritten Reich die Leute glauben lassen sollen, dass die Straße – und damit die Entfernung zwischen der westlichsten und der östlichsten Stadt – kürzer sei als in Wirklichkeit? Es wurde auch vermutet, dass man vielleicht die 1000 Kilometer nur auf den ursprünglichen Verlauf der Reichsstraße 1 durch deutsches Territorium bezog. Denn in den ersten Jahren stand noch der polnische Korridor und das Gebiet der Freien Stadt Danzig zwischen dem Reich und Ostpreußen. Mathematisch könnte diese Rechnung aufgehen. Nur, warum würde man die Autofahrer glauben lassen, die Reise sei kürzer, als sie in Wirklichkeit war, als ob die dazwischenliegenden Kilometer nicht existierten? Es wird wohl ein Rätsel bleiben.

Von Kaliningrad nach Osten ist die alte R1 breit, gut ausgebaut und überwiegend gerade. Sie ist hier eine strategisch wichtige Straße, die ganze Armeen zum einzigen ganzjährig eisfreien Hafen im Westen der Sowjetunion bringen sollte, ebenso wie andere Armeen in der Vergangenheit in beiden Richtungen auf ihr entlangzogen. Obwohl es eine gute Straße ist und wenig Verkehr herrscht, gibt es eine strikte Höchstgeschwindigkeitsregelung und viele Überholverbote. Diese scheinen weniger den Interessen der Verkehrsteilnehmer und deren Sicherheit geschuldet zu sein als vielmehr denen der Verkehrspolizisten, die gerne immer wieder plötzlich in Erscheinung treten und gepfefferte Bußgelder kassieren, manchmal sogar zwei- oder dreimal während ein und derselben Fahrt.

Auf dieser Strecke bekommen wir ein anderes Gesicht des früheren Ostpreußen zu sehen. Auf vielen Kilometern liegt das Land, das einst von Deutschen und dann von Kollektivbetrieben bewirtschaftet wurde, brach. Überall wächst Unkraut, an vielen Stellen holt sich der Wald das Land zurück, denn unter den neuen Bedingungen in der Region lohnt es sich nicht mehr, die Äcker zu bebauen. Ich erfahre, dass riesige Flächen von russischen Bodenspekulanten aufgekauft wurden in der Erwartung des Tages, an dem die Oblast zu einem Hongkong des Nordens wird. Momentan tun sie nichts für das Land. Die Bauernhöfe wirken armselig und verfallen. Stadtbewohner brausen in ihrem Mercedes vorbei an einer Bäuerin, die stundenlang am Straßenrand kauert in der Hoffnung, Passanten für ein paar Rubel ein Körbchen Blaubeeren oder etwas Gemüse zu verkaufen.

So vieles hat sich verändert, hier, in der einstigen »Kornkammer« des Deutschen Reiches. Doch die Störche, so geliebt von den alten Ostpreußen, kommen weiterhin jedes Frühjahr und bauen ihre Nester auf die Schornsteine und Masten, wie sie es immer getan haben, damals, als dieses Land noch gut instand gehalten wurde, als Zuchtrinder und prächtige Pferde auf den Weiden grasten. Sie schauen im Flug auf die roten Ziegelbauten herab, die, nachdem sie zum Teil die Verwüstungen der einfallenden Roten Armee überstanden haben, allmählich verschwinden. Sie sehen Stadtbewohner, die Dachziegel für ihre eigenen Wohnungen mit nach Hause nehmen, sie sehen den Bauern, der die Backsteine seines Stalls verkauft, und sehen, wie die einst belebten Stallungen aus Vernachlässigung in sich zusammenfallen.

Ein gewisser Junker

Nach einiger Zeit kommen wir nach Insterburg, das heute Tschernjachovsk heißt, benannt nach dem brillanten jungen Sowjetgeneral, der bei der Invasion Ostpreußens die 3. Weißrussische Front kommandierte und im Alter von nur 39 Jahren fiel. Gleich nördlich von Insterburg liegt die Georgenburg, eine mittelalterliche Backsteinburg, die einmal ein berühmtes Landgut war.

Es gehörte der Familie von Simpson, ostpreußischen Großgrundbesitzern – sogenannte »Junker« – schottischer Abstammung. Eines ihrer letzten Mitglieder, William von Simpson, beschrieb das Leben einer Junkerfamilie im späten 19. und frühen 20. Jahrhundert in seinen Büchern »Die Barrings« und »Der Enkel«. Diese Bücher, die 1937 beziehungsweise 1939 erschienen, waren Bestseller und blieben bei der Kriegsgeneration lange sehr populär. Sie sind, ehrlich gesagt, nicht unbedingt die besten Familienromane in deutscher Sprache, aber sie vermitteln doch ein faszinierendes Bild einer verschwundenen Gesellschaft. Sie bieten eine Art Abgesang auf die verloren gegangenen Werte des »alten« Preußen, auf Anständigkeit, gesellschaftliches Engagement, Disziplin und Augenmaß, wie sie durch den Patriarchen Archibald Barring verkörpert werden, ständig angegriffen vom Materialismus des neuen wilhelminischen Preußen, für das seine schreckliche Schwiegertochter Gerda aus Berlin steht.

Am Ende des ersten Bandes – Archibald ist schon tot und ihr eigener Gatte liegt ebenfalls auf dem Sterbebett – verkauft Gerda das Gut. Eigentlich wäre es auf ihren Sohn Archibald junior übergegangen, und dieser schwört in lebhaft beschriebener Bitterkeit, ihr das nie zu vergeben. Wir wissen, dass Gut Georgenburg 1899 an den preußischen Staat verkauft wurde. Wie viel von diesem Buch wohl autobiografisch ist? Ich wollte mehr über William von Simpson wissen. Ich suchte in Archiven, Buchhandlungen und literaturgeschichtlichen Abhandlungen, fand aber nichts außer einigen dürren Lebensdaten. Dann stieß ich im Internet auf jemanden, der sich ebenfalls für Simpson interessierte, einen pensionierten Arzt, der sich den alten Ostpreußen zum Hobby gemacht hat und der mit seiner verbissenen Detektivarbeit deutlich weitergekommen ist als ich.

Genau, erzählt er mir, William von Simpson habe tatsächlich Georgenburg erben sollen, aber seine Mutter verkaufte es. Sein

Vater, im Roman »Archibald«, war in Wirklichkeit eine hochangesehene Persönlichkeit in der Politik und kannte Bismarck und andere politische Führungsfiguren seiner Zeit persönlich, genau wie in dem Buch geschildert. Williams Mutter war allerdings nicht wie die schlimme Gerda, an der von Simpson kein gutes Haar lässt. »Seine Mutter war ein bisschen leichtlebig, aber sie war nicht schlecht.« Außerdem sei es Williams unheilbar kranker Vater gewesen, nicht sie, der vor seinem Tod entschieden habe, das stark verschuldete Gut zu verkaufen.

Und leider sei auch William selbst ganz anders als Archibald junior gewesen, der sich im Buch in bewundernswerter Weise an die Arbeit macht und selbst ein eigenes Gut aufbaut, während seine Mutter ihr Geld verjubelt. William scheint von Kindheit an ein anmaßender, übellauniger, erzkonservativer Charakter gewesen zu sein, der seine Angestellten schlecht behandelte, oft log, sich überall Feinde machte und dem mehr oder weniger alles danebenging, was er anpackte, ob in Deutschland, Brasilien oder Deutsch-Südwestafrika. Er heiratete eine Dame, die selbst Schriftstellerin wurde, und die ihn später verließ. Sein Anteil am Verkaufserlös von Georgenburg scheint sich in Luft aufgelöst zu haben, und nur seine Bücher brachten ihm schließlich ein respektables Einkommen. Weit davon entfernt, ein Musterbeispiel des »alten Preußen« zu sein, war William von Simpson in Wirklichkeit eher ein Beispiel des arroganten, wenig liebenswerten Junkers.

Und das, davon ist der Arzt überzeugt, erklärt auch, warum heute kaum noch jemand viel über ihn weiß. »Man hat ihn einfach totgeschwiegen«, meint er. »Der preußische Adel wusste, wie er war. Die Leute von Stande und die Verwandten haben es sehr übel genommen, dass er seine eigene Mutter so verleumdet hat und dass er sich geweigert hat, bei ihrer Beerdigung dabei zu sein. Keiner wollte was mit ihm zu tun haben.« Hinzu kam vielleicht noch, dass seine Bücher eher als »Unterhaltungsliteratur« galten, weswegen sich auch die Literaturwissenschaft keine große Mühe gemacht hat, mehr über den Autor herauszufinden.

Als William von Simpson im Mai 1945 an seinem letzten Wohnsitz in Scharbeutz an der Ostsee starb, vermutete man, er sei ermordet worden oder habe zumindest wegen der deutschen Niederlage Selbstmord begangen. Der Arzt weiß aber aus sicherer Quelle, dass er an einem Herzinfarkt starb. Von Simpsons Sohn Hubert schließlich schrieb, vielleicht unter Verwendung eines Entwurfs seines Vaters, einen dritten und eher noch mäßigeren Barring-Roman, »Das Erbe der Barrings«, den er anfangs als Werk seines Vaters ausgab. Heute, so glaubt der Arzt, ist die Familie von Simpson ausgestorben.

Das Gut Georgenburg jedoch ist, im Gegensatz zu manch anderem Junkersitz, neu zum Leben erwacht. Heute stehen wieder prächtige Pferde in den stabilen alten Holzboxen der langen, niedrigen Stallungen im Backsteingotik-Stil, die mit großem Aufwand repariert und wiederaufgebaut wurden. Das Gut heißt jetzt Majovka, Geld aus der früheren Sowjetunion – offensichtlich viel Geld – hat es in ein Gestüt der Oblast Kaliningrad verwandelt, wo heute internationale Springreitturniere stattfinden.

Siedler kommen, Siedler gehen

Gumbinnen, heute Gussev, das nächste Städtchen auf unserer Strecke, war einer der ersten Ankunftsorte für viele der Neusiedler aus der Sowjetunion. Sie wussten nicht – und sollten es auch nicht wissen –, dass zweihundert Jahre zuvor einmal andere Siedler hierher gebracht worden waren, um das Gebiet zu bewohnen. Viele von diesen waren Flüchtlinge, Menschen, die in ihren Heimatländern aufgrund ihrer Religion verfolgt wurden, etwa französische Hugenotten, Salzburger Protestanten, Mennoniten, Katholiken, Juden. Sie waren vom preußischen König Friedrich Wilhelm I. eingeladen worden und hatten von ihm Land zugeteilt bekommen. Hier durften sie ihre eigene Sprache sprechen und ihrer eigenen Religion nachgehen. Der König tat dies nicht aus reiner Menschenfreundlichkeit, religiöser Toleranz oder einem unzeitgemäßen Gefühl für Menschenrechte: Er brauchte einfach Untertanen. Sie sollten sich niederlassen und gedeihen, Kinder in die Welt setzen und Steuern zahlen, um die unverhältnismäßig große und teure Armee zu erhalten, die für das Überleben Preußens als Staat nötig war. Und er brauchte sie zur Urbarmachung des Landes, das in dieser Region oft brachlag, die durch Kriege und eine katastrophale Pest-Epidemie entvölkert war.

Diese Einwanderer errichteten später dankbar eine Statue zu Ehren Friedrich Wilhelms I. auf dem Marktplatz von Gumbinnen. Im Oktober 1944, als die Stadt brannte und ihre Einwohner vor der vorrückenden Roten Armee flüchteten, schien diese Statue ihnen mit erhobener Hand wie zum Abschied zuzuwinken.

Ein paar Kilometer hinter Gumbinnen wäre man früher einmal zwischen Pferdekoppeln hindurchgefahren, auf denen prächtige Stuten grasten und Fohlen herumtollten. Denn hier war die Heimat der legendären Trakehner Warmblutpferde. Wenige Kilometer südlich der Straße lagen das Dorf Trakehnen selbst und in der Umgebung, zu beiden Seiten der R1, die sogenannten Vorwerke, wo die Herden, nach ihren Fellfarben getrennt, gehalten und ihr Futter produziert wurde. Trakehnen war Teil des Aufbauprogramms Friedrich Wilhelms zur Besiedlung der Region gewesen. Ursprünglich war hier alles voller Sümpfe, der König hatte sie trockenlegen lassen und höchstselbst an dieser Stelle ein Gestüt für seine Pferde entworfen. Unter seinen Nachfolgern wurden hier systematisch Reitpferde für die preußische

Kavallerie gezüchtet. Man kreuzte feine Araberpferde und englische Vollblüter mit den kleinen Schweiken, jenen gedrungenen Arbeitspferden der örtlichen Bauern, die von den Wildpferden Mitteleuropas abstammen. Das Ergebnis war eine extrem widerstandsfähige und zähe Pferderasse, sparsam in der Fütterung, ein perfektes Soldatenreitpferd – und dazu überaus schön anzusehen. Die Zucht wurde bald weltberühmt.

Als die Rote Armee einmarschierte, floh die Mannschaft des Gestüts mit den Pferden westwärts. Ein Teil der Trakehnerherde wurde von den Sowjets beschlagnahmt und die Zucht in Kirov am Don weitergeführt. Viele andere Pferde gingen zugrunde. Einige wenige erreichten den Westen, wo hauptsächlich Privateigner die Zucht wiederaufbauten. Die Rasse ist nun über die ganze Welt verstreut. Aus Trakehnen wurde Jasnaja Poljana, aus dem Gut eine Kolchose. Heute ist hier alles halb verwildert; man ist umgeben von hässlichen rostzerfressenen Eisenteilen, baufälligen Gebäuden und dem Schutt sowjetischer Kollektivlandwirtschaft. Nur schwer kann man sich die Anlage der einst sorgfältig gepflegten Parks, Koppeln und Wege vorstellen. Die ehemalige Kolchose ist nun eine Aktiengesellschaft, und es heißt, es gehe wieder aufwärts, obwohl man auch hier, wie überall sonst, unter den wirtschaftlichen Schwierigkeiten der Exklave leidet.

Das alte schlossartige Landstallmeisterhaus steht immerhin noch und ist intakt, denn es diente und dient immer noch als Dorfschule. Hier, inmitten all diesen Verfalls, tut sich etwas sehr Bewegendes. Still und ohne Werberummel hat ein deutscher »Verein der Freunde und Förderer des ehemaligen Hauptgestüts Trakehnen« Reparaturen und Modernisierungen des Schulgebäudes finanziert und organisiert höchst erfolgreiche Schüleraustauschprogramme mit der Realschule Walsrode in der Lüneburger Heide. Und die Schule ihrerseits hat ein kleines Museum über die Geschichte von Trakehnen eingerichtet.

Jetzt haben wir es also geschafft. Hier am Flüsschen Lepone in Eydtkuhnen (heute Tschernyschewskoje) endete die Reichsstraße 1. Andere Grenzen mögen weit über die Landkarte gewandert sein, aber dieser bescheidene kleine Wasserlauf bildet eine der ältesten und stabilsten Grenzen überhaupt, die erst den Deutschen Orden, dann die Preußen, dann die Deutschen und schließlich die Russen von ihren Nachbarn, den Litauern, trennte – und das seit dem 13. Jahrhundert.

Obwohl die Grenze hiergeblieben ist, hat sich alles andere verändert. Als die Reichsstraße 1 ihren Namen bekam, war Eydtkuhnen (zwischen 1938 und 1945 Eydtkau genannt) ein blühendes Kleinstädtchen mit 10 000 Einwohnern, das von Transport und Schmuggel lebte und eng verbunden war mit Kybartai auf der anderen Seite der Lepone. Die Litauer und Russen importierten Maschinen und Textilien aus Deutschland, und ostpreußische Hausfrauen kauften auf den Märkten von Kybartai billig ein.

Der Grenzübergang war nur eine einfache Holzbrücke mit einem Zollhäuschen auf jeder Seite. Viel wichtiger war damals der Bahnhof. Der war ein grandioser Bau mit einem Prunksaal, wo die gekrönten Häupter und andere bedeutende Personen aus Russland und ganz Europa – viele von ihnen unterwegs auf dem legendenumwobenen, luxuriösen Nord-Express von Paris nach St. Petersburg – ihre Reise bequem unterbrechen konnten. Denn sogar Kaiser und Zaren mussten hier umsteigen, wo die europäische Normalspur endete und die breiteren russischen Gleise begannen. Der Zeitgewinn einer Bahnreise muss enorm gewesen sein. 1904 brauchte der Zug von Aachen nach Eydtkuhnen 24 Stunden – selbst heute wäre die Strecke mit dem Auto in dieser Zeit kaum zu schaffen. Heute führen die breiteren russischen

Gleise weiter nach Westen, und der alte Bahnhof ist schon längst abgerissen.

Nach dem früheren Eydtkuhnen zu suchen ist fast aussichtslos. Diejenigen Bauten, die nach den Verwüstungen der sowjetischen Invasion von 1945 noch stehen blieben, sind unerreichbar hinter einer hohen Mauer. Die einzigen Bewohner sind russische Militärs und Zollangehörige sowie die Insassen eines Gefängnisses. Über die Mauer hinweg kann man die hohen Ziegelsteintürme der Kirche aus dem 19. Jahrhundert sehen, aus denen Büsche und Bäumchen hervorwachsen. Das ehemalige Eydtkuhnen ist heute weniger eine Ortschaft als vielmehr eine Ansammlung von verfallenen Gebäuden, löchrigen Straßen, Unkraut und Buden. Lange Schlangen von Autos und Lastwagen warten endlos auf das Passieren des russischen Grenzpostens. Wie viele davon wohl gestohlen sind? Einige Fahrer warten mit der gleichen dumpfen Resignation, die wir bereits aus Gronowo kennen. Zwei von ihnen, Russen am Steuer von glänzenden, brandneuen LKWs auf dem Weg von Deutschland nach Moskau, warten hier schon drei Tage, aber sie denken sich nichts dabei. Das gehört zu ihrem Job.

Andere schäumen vor Wut, regen sich auf und verfluchen leise das russische System. Eine von ihnen ist Galina, die sich an ihren in Deutschland zugelassenen Wagen lehnt. Sie ist in Russland geboren, ging dann aber nach Deutschland und heiratete einen Deutschen. Sie war gerade mit ihrem Mann auf Verwandtenbesuch. »Das hier ist einfach eine Schande. Ich kann es nicht ertragen«, meint sie. Galina ist zur Westlerin geworden.

Als die Reichsstraße 1 noch existierte, konnte man sagen: Hier, an der Lepone, beginnt der Osten. Dahinter kam die Sowjetunion, das gefürchtete Reich Stalins und der Bolschewiken. Doch heute, als Ergebnis des Krieges, ist es diese Seite der Grenze, die mehr wie »der Osten« aussieht. Und auf der anderen Seite? Reisende, die nach Litauen hineinfahren, werden begrüßt von dem wohlbekannten blauen Schild mit goldenem Sternenkranz und der Botschaft »*Welcome to the European Union*«. In den gut sechzig Jahren, seitdem es die Reichsstraße 1 nicht mehr gibt, ist »der Westen« hier an der Lepone zum »Osten« geworden, der »Osten« wurde »Westen« und überhaupt wurde die ganze Welt wahrhaftig auf den Kopf gestellt.

* * *

Wir sind am Ende unserer Reise angelangt. Wie ich bereits zu Beginn erklärte, war dies auch eine sehr persönliche Reise. Jedem Leser werden zweifellos noch viele Ereignisse, Menschen oder Orte einfallen, die ich nicht erwähnt habe. Vieles, was mich entlang dieser Straße faszinierte, musste ich aus Platzgründen weglassen. Aus dem gleichen Grund sehe ich mich leider auch außerstande, all die Menschen einzeln aufzuführen, die mir unterwegs weiterhalfen und denen ich zutiefst dankbar bin. Viele von ihnen sind nicht namentlich erwähnt, doch ich hoffe, sie erkennen ihren Beitrag. Herzlichen Dank ihnen allen!

Es war für mich ein großes Privileg, auf diese Weise mein zuvor doch eher fragmentarisches Bild von Deutschland zu vervollständigen. Ich habe vieles gelernt, das ich noch nicht wusste, aber am wichtigsten war für mich das Erkennen der Zusammenhänge. Wenn es auch dem Leser Freude gemacht hat, mich auf dieser Entdeckungsreise zu begleiten, dann bin ich rundum zufrieden.

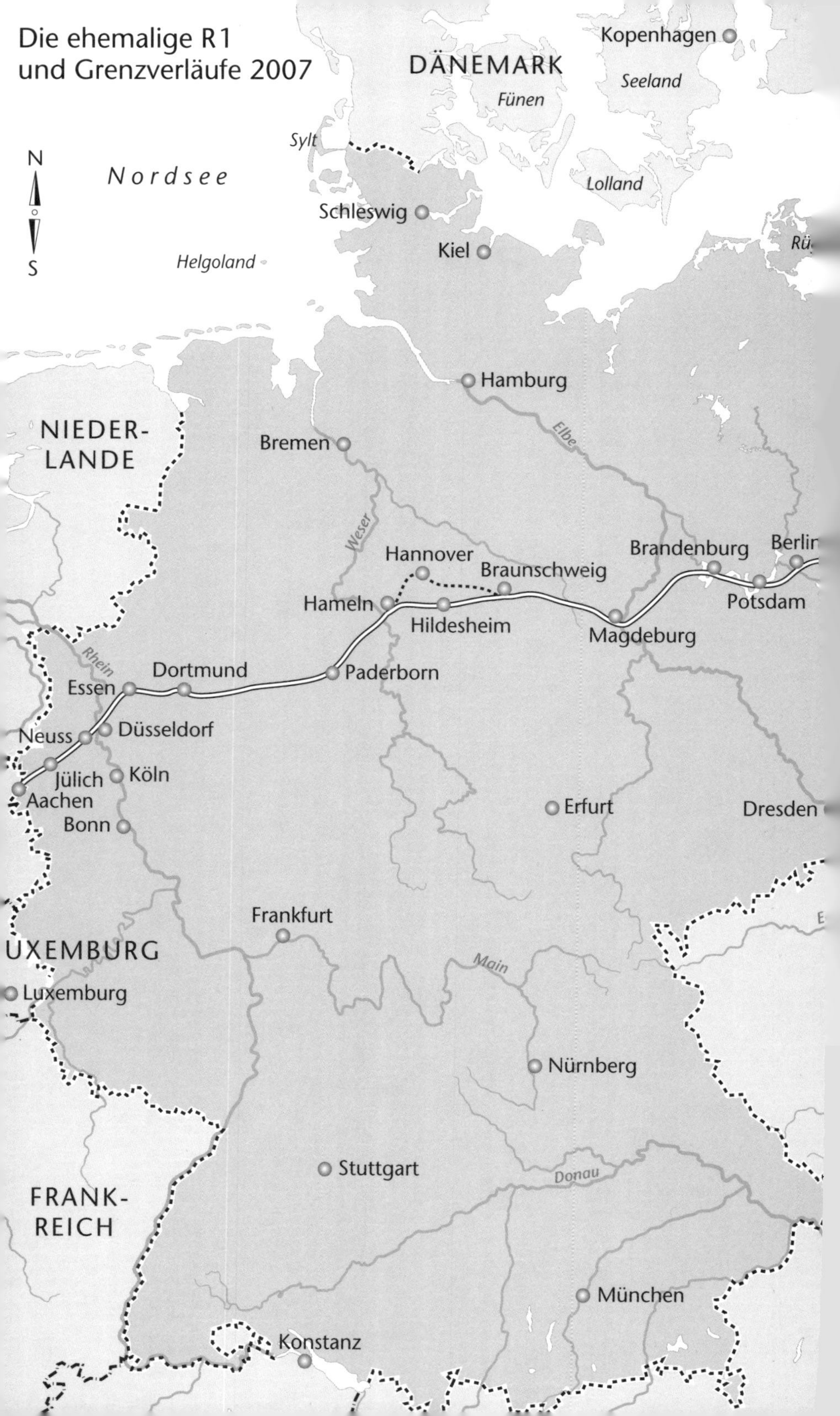

Die ehemalige R1 und Grenzverläufe 2007